七田式

子どもの才能は親の口グセで引き出せる!

しちだ・教育研究所社長
七田チャイルドアカデミー特別顧問
七田 厚
Ko Shichida

青春出版社

はじめに

私は20代の大学生のときから、父・七田眞が始めた幼児教育の仕事に少しずつ関わるようになりました。そして、大学を卒業した次の年に、全国に七田チャイルドアカデミーができることになり、東京に住んでいた私は、島根にUターンして、父が創立した研究所の二代目社長を務めることになったのです。

そのとき、私はまだ独身でした。そしてどんどん仕事に没頭していく中で、自分自身が子育てを経験することの必要性をひしひしと感じていました。

そんな時期を経て、待望の父親になり、妻と共に働きながら子育てをしていく中で、三人の子供たちから様々なことを学びました。

この本は、そうしたわが家の子育てから学んだことだけでなく、七田式の教室に通っていた子供たちや、おうちの方からお話をお聞きして、子供が持っている可能性を引き出すための実践的な内容を盛り込むことを心がけました。

スポーツや芸能・音楽の世界で活躍すると、マスコミでも大きく報じられ、広くみなさんの知るところとなりますが、今や七田式で学んだ子供たちは、次々に社会人となっていて、実はいろんな分野で活躍しています。本文中にご紹介させていただいた方々はほんの一例です。

しかし、そのすべてのケースに共通していると言っても過言ではない親の習慣がありました。それは、**「わが子を心から愛し、幼い頃から子供扱いせず、人格を尊重し、その子がやりたいことを応援し続けた」**ということです。そして、**それを常に言葉にして、子供に伝え続けた**ということです。

その姿勢はまさに、父が遺した言葉**「認めて、ほめて、愛して、育てる」**ことそのものだと思うのです。

この本で紹介している習慣の一つでも二つでも、今、子育て真っ最中のお父さん・お母さん、そして、これから子育てをされる方々の気持ちを楽にし、希望となり、参考になればと心より願っております。

なお、本書を出版するにあたり、青春出版社の中野和彦さんをはじめ、田中好さん、伊藤佳代子さん、そして、美笑企画の安部千鶴子さんにはたいへんお世話になりました。また、今回、快く取材に応じてくださった、しちだ教室卒業生のみなさん、競泳で大活躍の池江璃花子さんのお母さんの美由紀さんにも、この場を借りて厚く御礼申し上げます。

平成二十八年三月

七田　厚

※「子供」の表記について

「子供」は、「子ども」と表記されることが多いです。「供」という字が「供える」と読めることから、「子を供えるとは何事か！」と、あえてひらがなにしているというのがその主な理由のようです。しかし、近年、親しくさせていただいている金城幸政先生の説は違います。「親という〈人〉と〈共〉にあるのが子だから〈子供〉と書く」というものです。そのお話を聞くまで、私は「子ども」派でしたが、今後は「すべての子供が親と共にありますように！」という願いを込めて「子供」としたいと思い、青春出版社さんにお願いして、本文はすべて「子供」表記とさせていただいています。

目次

七田式　子どもの才能は親の口グセで引き出せる！

序章　高校、大学…で大きく伸びた子は、幼児期に「何を」学んでいたのか

1章 この「口グセ」が、子供に自信を与え、才能を伸ばす

2章 学ぶ力の基本＝「本が好きな子」になる親の口グセ

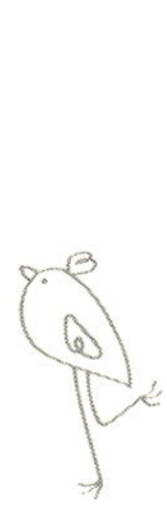

4章 集中できる子・続けられる子になる親のログセ

5章

失敗に負けない！子供の「折れない心」の育て方

6章 親も子も、ともに成長できる「笑顔の子育て」のヒント

カバー&本文イラスト／大森巳加
帯写真／毎日新聞社
本文デザイン／新田由起子（ムーブ）
編集協力／美笑企画
伊藤佳代子
田中　好
ＤＴＰ／エヌケイクルー
取材協力／池江美由紀（七田チャイルドアカデミー本八幡教室代表）

序章

高校、大学…で大きく伸びた子は、幼児期に「何を」学んでいたのか

知育ばかりでは伸び悩む。才能を引き出す2つのキーワード

「自分らしい人生を歩んでほしい」

「世の中の役に立つ人になってほしい」

「みんなに好かれる子に育ってくれますように」

わが子の幸せを願うのは、すべての親御さんに共通の思いでしょう。親なら誰もが持っている自然な気持ちだと思います。

そして、わが子の幸せを願う親が子供に与えてあげることができる最大の贈り物が「教育」です。

その教育という言葉が本来意味するところは、子供が生まれつき持っている力をしっかり引き出してあげること。そのためには、知的教育ばかりでなく、心の教育がとても大切になります。

親はつい、成果の見えやすい学力、つまりは知的教育にばかり目が行ってしまいがちです。

たとえば、2歳、3歳の頃から受験を目指して熱心に取り組み、有名小学校に合格したお子さんをうらやましいと思ってしまうこともあるかもしれません。

ですが、受験勉強だけを意識して取り組んだ子供たちの中には、学年が上がるごとに成績が伸び悩む子も少なくありません。

一方で、小中学校ではスポーツやピアノ、お絵描きなどの習い事に熱中し、成績はそこそこだった子が、気がついたら第一志望の大学にすんなり合格して、夢だった仕事に就いて活躍しているということもめずらしくありません。

こうした、**いわゆる「後伸びタイプ」の子供たちに共通しているのは、幼児期に学力だけでなく心の基礎的な力をしっかり鍛えてきている**ことです。

人間性を育てることを重視せず、学力中心の教育に偏ってしまうと、物事を自己中心的に考える心の小さな人間に育ってしまい、大きくなってから伸び悩んだり、壁にぶつかる場合があります。

実際に、私は幼いうちに心の基礎的な力をしっかり身につけたことで、大学で何を学ぶのか、将来どんな仕事に就くのかを自分自身でしっかりイメージし、その目標に向かって学んでいく子供たちをたくさん見てきました。

そういう子供たちの力の基礎になっているのは**「イメージ力」**と**「記憶力」**です。

この二つの能力を子供のうちに十分に伸ばしてあげれば、将来にわたってその子が本来持っている能力を存分に発揮できるようになる、と言っても過言ではありません。

そして、人生の大事なときにその力を１００％生かして、自分の力で道を切り拓いていけるようになるのです。

この本では、七田式教育45年の経験と実績にもとづいて、その二つの力を育て、子供の潜在的な能力を引き出す家庭でのヒントをお伝えできればと思っています。

後伸びする子の共通点って？

ここで、後伸びタイプの例を一つ、ご紹介しましょう。小学校2年～6年まで七田式教室に5年間通った勝田浩孝さん（仮名）のお話です。

高校時代はバスケットボールに熱中し、高校2年生のころは学年400人中380番という成績だったそうです。

ところが、高校3年生の6月から受験勉強をスタートして、11月には学年で1番になり、大阪大学法学部に200人中16位という抜群の成績で現役合格しました。

担任の先生から「絶対に無理」とまで言われた、周囲からすれば無謀なチャレンジが、「自分ならできる」という強い意志を持って、自分に合う勉強法を編み出すことで実を結んだのです。

幼児教育は「一生もの」の教育です。幼児教育というと、幼いうちから知識を詰め込む教育と思われがちですが、決してそうではありません。

子供たちの脳の中にたくさんの情報が入るように大きくて丈夫な容《い》れ物を作り、その情報を将来にわたってしっかり蓄えて、必要なときに瞬時に取り出せるシステムを整えるためのものです。

その基礎となるのが「イメージ力」と「記憶力」です。

後ほど詳しく説明しますが、これを幼いうちにしっかり身につけておくと、「ここぞ」というときに自分の能力を発揮できる底力のある子供になるのです。

また、成功している自分の姿をイメージすることで、さらに「本番に強い」体質へと育っていきます。これは、勉強に限らず、スポーツや芸術など、あらゆる分野で発揮できる、優れた力です。

このことは、中学三年生で競泳女子１００メートル自由形と同バタフライの日本記録を作った池江璃花子さん、世界ジュニア選手権で優勝したフィギュアスケートの本田真凜さん、ロンドン・オリンピックで４位入賞し、リオ・オリンピックでの活躍も期待されるトランポリンの伊藤正樹さんや、ピアノやバイオリンといった芸術の世界で活躍する、七田式で学んだ卒業生たちの活躍が証明してくれています。

子供のやる気を伸ばす、語りかけのタイミング

子供たちが勉強やトレーニングを楽しみ、好きになるために親ができることは、やる気を起こさせ、伸ばすことです。

何よりやる気を伸ばす一番の方法は、子供が「お絵描きがしたい」「文字を書きたい」など、自分から興味を持ったことを親が後押ししてあげることです。興味を持ち始めたということは、その能力が開花する、グンと伸びる合図のようなもの。

だから、そのタイミングを逃さず、親から働きかけてあげることで、回り道や苦労をすることなく、子供の能力を伸ばすことができるのです。

注意したいのは、たとえ何かできないことがあったとしても「どうしてできないの？」と問い詰めないことです。**子供ができないことのほとんどは、**やる気がないからできない、しないのではなく、**「やり方がわからない」からであることが多い**からです。

そんなときは、「こうしたらいいよ」と教えてあげることが大切。いつも子供を見ていれば、何が不得手なのかわかります。けれど、それを親が過剰に意識したり、子供に意識

させたりする必要はありません。正しく認識しておくだけでいいのです。

もう一つ、絶対にしてはいけないのが、「○○ちゃんはできるのに」と友達と比べてしまうことです。これは、子供に劣等感を植えつけてしまうマイナスの言葉。子供の能力の表れ方は千差万別ですから、焦ったり、比べたりせず、そのときの子供の姿にしっかり目を向け、今できていることをしっかりほめてあげましょう。

ほめられてイヤな気分になる人はいません。それが、子供たちが自分の能力に目覚めるきっかけになります。

まずは子供の自主性を尊重し、「あなたならできる」と信じて見守ってあげること。

そして、こうした子供に対するアプローチを、毎日続けることが大切です。

「1日休めば2日戻り、
2日休めば4日戻り、
3日休めば元の木阿弥《もくあみ》」

と、七田式教育の創始者である父・七田眞はよく言っていました。

子供へのアプローチはマラソンと一緒で、最初から飛ばしすぎても息切れしてしまい、続きません。毎日コツコツ積み重ね、続けていくことに意味があります。

10歳前後までに右脳を鍛えておくことで身につくもの

子供の「イメージ力」と「記憶力」を伸ばすカギは「右脳」にあります。

ご存じの方も多いと思いますが、おもに感覚や運動系機能をつかさどるのが右脳の役割で、理性や言語系機能をつかさどるのが左脳の役割です。

子供は右脳が先に成長していき、10歳前後で左脳が右脳の成長に追いつきます。そして、その後は受験勉強などがあって左脳が著しく成長していくことがわかっています。

逆に言うと、**10歳くらいまでにできるだけ右脳を鍛えておくことで、左右の脳がバランスよく発達し、幅広い能力を発揮できるようになる**ということです。

子供の脳はスポンジのように、いろいろなことをどんどん吸収していきます。それは「右脳」をおもに使っているからです。

私たち大人は普段、左脳を使って物事を理屈で記憶します。ところが、子供たちが得意な「右脳」を使うと、感覚的にとても楽々と記憶をすることができるのです。

これは、脳に基礎体力をつける大切なレッスンでもあります。そして、**右脳の記憶力**

を鍛えておくと、大人になってもその力をスムーズに引き出し、使うことができるようになるのです。

たとえば、こんな遊びをしてみましょう。

単純な線で描かれたシンプルな絵を、子供にジーッと見せてからパッと隠します。そして、それを再現するように描かせるのです。とても簡単なことですが、ゲームのように繰り返していくうちに、自然に右脳の記憶力が鍛えられていきます。

ポイントは、遊び感覚で楽しく行うこと。そして、たとえば男の子なら乗り物、女の子ならお花やお人形など、その子が今、大好きなもの、夢中になっているものの絵を使うことです。

このゲームをしているだけで、右脳も自然に鍛えられます。

それ以外にも、親子でトランプの神経衰弱をして遊ぶのもいいですし、（完成した絵を見せてから）ピース数の少ないジグソーパズルをするのでもかまいません。

その様子を見れば、子供が右脳でイメージ記憶していることを実感することでしょう。

「耳からの記憶」も楽しんで鍛えよう

右脳の記憶には、「目からの記憶」と「耳からの記憶」があります。

ですから、先ほどのようなゲームのほかに、「九九」やことわざ、俳句、漢詩などを音として、耳から記憶していく方法もあります。

たとえば、小林一茶の俳句を一日3句ずつ、親子で競って覚えることを日課にしてみましょう。子供のほうが親より早く覚えると、子供のモチベーションが上がり、楽しく習慣化できます。

また、歌で覚えると、覚えやすいものです。「かけざん九九のうた」は一般的ですが、「たしざん九九のうた」「漢詩の歌」「円周率の歌」などの教材もありますので、興味のある方はご活用ください。

記憶のトレーニングは、一見、学校の授業のように思えてしまうかもしれませんが、視覚や聴覚を刺激し、子供たちの柔軟な脳――特に幼児期が伸び盛りの右脳――に効果的に働きかける方法でもあります。

前述したように、子供の脳はまず右脳から、そしてその後に左脳が育っていきます。ですから先に右脳をしっかり伸ばしておくと、左脳の成長にもとても良い影響を与えて、感性＋理性という脳全体が活発に動くようになります。

「イメージ力」と「記憶力」がバランスよく育ち、自分で判断し、考えて行動できる子供になっていくのです。

こうして基礎さえしっかりできていれば、あとは必要な時期にやるべきことができる子供に育っていきます。

好きなことを楽しみながら、「ここぞ」というときに、いつでも自分が持っているものをいかんなく発揮できる力——この力を身につけておけば、大人になってからでも大いに役立つはずです。

心配はいりません。幼児期に脳全体を活発に動かせるように学んだ子供たちは、自然にそれができるようになります。

そのための方法をこの本で紹介していきます。

「心の教育」が子供の才能を大きく伸ばす

子供のうちに「イメージ力」と「記憶力」を高める目的は、優秀な学力を身につけ、一流大学へ進学し、一流企業に勤める人材を育てることではありません。

人間性を育て、心を育てて「人の役に立ちたい」と思える子供たちを育てることです。

七田式の卒業生の中には、「医療関係に進みたい」と考えて医学部や看護学部で学んだり、「地元に貢献したい」と、大学卒業後は公務員として地域社会の改善に取り組んだりしている人たちがいます。

また、NPOの活動を通じてヨルダンを訪問し、「私も緒方貞子さんのようになりたい」と、国連の高等弁務官を目指す中学生もいます。

人の役に立つために生きるというのは、「徳」を積むことと同義です。こうした気持ちを育て、曇りのない性根《しょうね》を持つ人材に育ってはじめて、子供の持つ優れた特性が正しく発揮され、光り輝くと私は考えています。

そして、人の役に立ちたいという気持ちを育てるためには、人と人のつながりや人間関係を築くことの大切さを教えていく必要があると思います。

現在、一流企業で活躍しているある七田式の卒業生は、今の自分があるのは、楽しく学ぶことを教えてくれた先生と過ごした時間や、一緒に勉強してくれたお母さん、お父さんの取り組みのおかげだと話してくれました。まわりの人とのコミュニケーションを通じて、心の通い合いや思いやりを学ぶことも、私たちが幼児教育で大切にしていることです。

心の動きをつかさどるのも右脳の大事な役目です。子供時代の右脳への働きかけは、心の教育でもあります。やさしさや思いやり、共感する力、助け合う心、礼儀やマナーなどは、この時期だからこそ無理なく身につけられます。

心の教育が身についた子供たちは、自分の好きなこと、得意なことの能力を伸ばし、それを活用して「人の役に立ちたい」「社会に貢献したい」という気持ちを自然に持つようになります。

そして、「何ができるか」「何がしたいか」を考え、どうしたら自分の思いを実現できるか、具体的なイメージを描き、その実現に向けて自分の能力をしっかり伸ばし、行動することができるのです。

親のログセで子供の可能性はどこまでも広がる

子供たちは、「九九」でも漢詩でも、５００ケタの円周率でも、楽しく学んだものはどんどん吸収する驚異的な記憶力を持っています。

そして、記憶力とイメージ力を同時に高めていけば、学力と心を伸ばし、自分から進んで取り組む積極性や判断力、そして、必要なときにスイッチを入れて努力する力、くじけずにチャレンジする強い意志が育っていきます。

すべての子供は、無限の可能性を内に秘めて生まれてきます。そして、幼児期のお母さんの本の読み聞かせ、外遊びやスポーツ、漢詩やことわざなどの暗唱、フラッシュカード（１０８ページ参照）、芸術への親しみなどの子供時代の蓄積が、脳の中で結びつき、やがて大きく花開きます。

子供たちは日々、成長していきます。

「いつの間に、こんなこと覚えたんだろう？」

「もう、これができるようになったんだ！」
「人を思いやれる心が育っていたんだ！」

毎日、子供を見つめていることで、たくさんのうれしい驚きに出会うことになるでしょう。親から見たら「すごい！」と驚き、感動することでも、子供にとっては、案外簡単なことだったりもします。

ぜひ、子供から受けた驚き、感動を大切にし、子供の成長を心から信じ、応援してあげてください。

「いつも見ているよ」という親心が子供に伝われば、子供は親のその思いも糧《かて》にして、学力も心も、そして体力も、すべてをどこまでも伸ばしていけるのです。

もちろん、チャレンジすれば失敗することもありますし、途中で別の道を選ぶこともあります。

ですが、幼児期に心の力をつけている子供は、そんなときにもくじけたりあきらめたりせず、自分で考えたり問題解決をしたりしながら、よりよい道を自分で切り拓いていけます。

たとえ子供が失敗しても、どうか子供の可能性を信じて、**「（失敗してもしなくても）いつもあなたの味方だよ」「あなたならきっとできるよ」**と声をかけてあげてください。それを口グセにしてあげてください。

世の中に役立つ仕事をしている多くの方々が、子供時代に「あなたならきっとできる」「あなたのことを信じている」と、口グセのようにいつも親が語りかけてくれたからこそ、今の自分があると言っています。

だから、ぜひ子供の成長を願うあなた本来の思いを、日々、子供たちに語りかけてください。

そこから、すべてが始まります。

実践のヒント 1

子供の見方、六つのポイント

子供の可能性を引き出し、心を豊かに育てるうえで、心に留めておきたい六つのポイントがあります。迷ったとき、戸惑ったとき、常にここに立ち返りたいものです。

1.子供の短所を見ない

長所と短所は別々に存在するのではなく、コインの裏と表のように一つのことの両面です。なので、長所を認めて伸ばしてあげると、自然に短所は目立たなくなります。「ダメ」や「いけない」と叱るより、小さな長所を見つけて「やさしいね」「上手にできたね」と言葉でほめ、時には抱きしめてあげるといいでしょう。

2.今の子供の姿を「成長の過程」と見る

今の姿を「できあがった姿」と思わないようにしましょう。子供を認め、ほめ、愛して、その本性が素晴らしいことを信じてあげてください。2、3日では難しくても、

1週間、2週間と続けていけば、子供は確実に変わります。

3. 完全主義で育てない

親が理想の教育にこだわり、子供に完全を求めると、どうしてもマイナス面ばかりが目につくようになります。それは子供にとっても親にとってもストレスです。初めてのことが多いのだから、できなくて当たり前。むしろ、できたことを「すごい！」とほめてあげてください。

4．比較しない

ほかの子供はもちろん、きょうだいとも比べないようにしましょう。子供は一人ひとり個性があり、成長の度合いも、興味のあり方も違います。よくできる子と比較して落ち込むより、ゆったり構えて、その子の持ち味を最大限に生かしましょう。

5．学力中心で育てない

学力は大事ですが、結果ばかりを求めるのはNGです。テストで100点を取ることがえらいのではなく、その努力を認めてあげることが重要。たとえ60点でも「がんばって取った60点」には100点と同じ価値があると、努力を評価してあげましょう。

6．そのままを100点と見る

欠点があってもいい。完全でなくてもいい。今のそのままの姿を100点と見てあげましょう。欠点はつつけば大きくなります。それなら、そこは放っておいて、子供の良いところ、良くなったところを認め、ほめて伸ばしていけばいいのです。

1章

この「口グセ」が、子供に自信を与え、才能を伸ばす

すべての基本は、この「安心感」から

「イメージ力」と「記憶力」を高めて、子供が本来持っている能力を引き出すためには、何が一番大切だと思われますか?

「幼児教育をできるだけ早い年齢から始めること?」
「少しずつでもいいから毎日続けること?」
「楽しんでやること?」

どれも重要なことではありますが、一番大切なことではありません。

何より意識してほしいのは、**「親子の信頼関係」**です。

親子の信頼関係がしっかり築かれていれば、子供は**「安心感」**を覚えます。**この「安心感」があってはじめて、新しいことを学ぼうとしますし、未知の分野にもがんばってチャレンジしようという気持ちが生まれる**のです。

逆に言えば、親子の信頼関係が不安定で、子供が安心感を持っていなければ、どんな優れた教育法であっても、子供の心には届きません。

子供の自己肯定感を高める魔法の言葉

では、親子の信頼関係を築いて、子供に安心感を持ってもらうには、どうしたらいいのでしょうか?

日本人は「自己肯定感」が低い、とよく言われます。実際、「自分はダメな人間だと思うか」という問いに「そう思う」と答えた日本人中学生が半数以上だったという統計があります。同じ質問をしたアメリカの中学生に比べて4倍も多かったのだそうです。

また、別の調査では、子供の頃から自己肯定感が低いと、将来、仕事に就いたときに感じる仕事への充実感が低い、という結果も出ていると言います。

この傾向を覆すのは、実はとても簡単です。

親が子供に「私は愛されている」「きっとできると信じてくれている」と思わせてあげること。そうすることで、子供は「自分は価値ある存在なんだ」と安心感を持つことができるのです。

「今、目の前にいる子供をそのままで認める」――それが出発点です。

ほかの子供と比べたり、「まだまだ、こんなことができていない」などと減点法で見ないでください。

「あなたが大好きよ」

「あなたがいてくれるだけで幸せだよ」

そういう気持ちを持つだけでなく、実際にそれを言葉にして子供に語りかけてほしいのです。

少し照れくさいかもしれませんが、**ちゃんと言葉で子供に伝えて、そして8秒間のハグをしてあげましょう**。厳密に8秒でなくてもかまいませんが、そのくらいの長さだと短すぎも、長すぎもせず、子供は親の思いを心地よく受け止めてくれます。父・七田眞もよく「8秒間の抱きしめ」と言っていました。

子供も最初はびっくりするかもしれません。けれど、親の思いはしっかり伝わります。

「あなたを認めている」というサインは、時々ではなく、できるだけ毎日、子供に送りましょう。そして、今日がんばったこと、できたことは「よくがんばったね」「ちゃんとできたね」と口にして、ほめてあげてください。

毎日、親から認めてもらっている子供は、明日も明後日も、親から認めてもらえることをちゃんと知っています。たとえ、叱られることがあっても、それは行動を叱られているだけで、自分の存在が揺るがないことをわかっています。

「うちの子供はまだまだ」と、今の子供をそのまま認めるのは難しいという声もよく聞きます。

たとえそうであっても、今できていることを認め、まだまだ伸びしろがあるわが子に、期待を込めて「きっと○○できるようになるよ」とエールを送ってあげてください。数日続けるだけで「子供の行動がガラッと変わりました」という声がたくさん届いています。

親の愛情は、子供への最高のプレゼントです。だから、まずは親が愛情を伝えながら、ほめる習慣を作ってください。日常の些細なことをほめ、しっかり抱きしめてあげましょう。

その言葉が、そのハグが、子供の人生を一生輝き続けるものにし、永遠の宝物になるのです。

家庭で教えたいコミュニケーションの基本

生きていくうえで、人はたくさんの人と出会います。

その人たちと上手にコミュニケーションが取れれば、たいていの人生の悩みは解決してしまうと言えるかもしれません。

物事は人間関係によって良いほうにも悪いほうにも転がるようになっています。人間関係を潤滑にする社会性とは、つまり、人とコミュニケーションがうまく取れる能力のことです。「人間関係に恵まれている」と自分で思える人ほど、学校や会社、スポーツや音楽の世界で活躍している、という調査報告もあるくらいです。

そういう意味でも、幼児期に子供が一番身近に接するのは親ですから、親と子の関係こそが、子供にとっての人間関係のスタートになります。

そこで大切になるのは、親の愛情がしっかり子供に伝わっているかどうかです。

人間関係の根本にあるのは「愛」、そして相手の心を汲み取ろうとする思いやりの「心」。

子供は知らないことはできません。親から十分な愛情を受け取って育つことで初めて、人を尊敬、尊重することを学び、「人を愛する」「人から愛される」ようになります。

愛情を伝える手段となるコミュニケーションの基本は、「挨拶」と「返事」です。

この二つが笑顔とともにできるだけで、多くの人に親しみを持ってもらうことができます。特に目上の人からかわいがってもらえるものです。

また、相手から挨拶をされて「気持ちがいい」という経験があれば、相手にも同じような気持ちになってもらいたいという思いが湧きます。

それが、まわりの人への愛情や敬意となり、「相手の役に立ちたい」「困っているときは助けてあげたい」という気持ちを育て、自然にそうした行動ができるようにもなっていきます。すると今度は、子供自身が困ったときにまわりの人が自然に手を差し伸べてくれるようになるのです。

勉強で困らないように基礎学力をつけることは大事ですが、それ以前に社会性を育てることがまず大切です。

子供にとって社会性を育てる最初の場所が家庭です。家族でどのような会話をしているか、親が子供にどのように接しているかが、子供の社会性の発達に大きく影響します。

家庭は、子供にとって最初に触れる学びの場であることを忘れないでおきましょう。

自分からやる子の親が「しなかった」こと

七田式の幼児教育を受けた卒業生に、高校時代に10か月間のオーストラリア留学を経験した女性がいます。

その後、大学時代には、日本全国で10人しか選ばれない小論文の試験で独創的な視点を披露。それが評価されて見事、奨学金を獲得しました。

さらに、交換留学制度を利用してイギリスの大学へ。日本にいては学べないことをイギリスの視点から学び取ることができ、その経験を生かして、現在は大手電機メーカーで活躍しています。

彼女のように、自分の学びたいことや就きたい仕事をイメージしながら、その夢の実現に向けてどんどん前向きに進んでいくやる気や根気、強い意志は、どんな家庭の中で芽生え、育《はぐく》まれたのでしょう？

そのヒントは、実際に夢を実現してきた子供たちの言葉の中にありました。

「これはしちゃダメだとか、こうしなさいとか言われたことはありません」

「自分のやりたいように好きにさせてくれました」

「困っているときにはアドバイスをくれました」

これらの言葉からわかるのは、子供のすることに親は手や口を出しすぎないほうがいいということです。

信頼して子供にまかせる。子供の力でどうしようもないときに手を差し伸べる。子供が大きく成長するチャンスをじっと見守る姿勢が必要です。

実際、冒頭で紹介した女性も、留学を決めたのは彼女自身で、親には合格してから報告したそうです。

これは、彼女が「親は自分の行動を信頼している」と知っているからできたことでしょう。

だからこそ、彼女はやる気を発揮して「自分で自分の人生を決める」選択を自信を持ってすることができたのです。

親がグッと我慢することで育つもの

とはいえ、子供の心配をするのは、親としては当然のことでもあります。

だから、つい手や口を出したくなる気持ちもわかります。けれど、グッと我慢をすることも、時には必要です。

ついつい、

「明日の準備、早くしなさい」

「宿題はやったの？」

などと毎日のように言っていませんか？　もしそうなら、今日からそれはグッとこらえてください。

もしかすると、子供は教科書を忘れて困ったり、先生に叱られたりするかもしれません。

けれど、これは「自分のしたことは自分で責任を取る」ということを学ぶ第一歩です。

そして、失敗から学ぶことはとても重要なこと。最初は何度も失敗するかもしれません。

その際、失敗しても先生に叱られても、「私はあなたのことを見ているよ」「あなたの味方だよ」という姿勢は、言葉に出して示してあげてください。

そうすれば、何度も試行錯誤するうちに、必ずできるようになります。そのとき、子供は「自分の力でできた」ことに自信を持ち、やる気が大きく育つのです。

親は見守る立場から、しないことを指摘するのではなく、子供がしたことや、できたこと、チャレンジしたことに注目して、

「よくできたね」

「すごくがんばったね」

と、ほめてあげてください。

親が自分を認めてくれる、自分の意思を尊重してくれると感じることで、子供はさらに自信をつけ、やる気もグングンと育っていきます。

簡単には挫折しない子の心の秘密

やる気があるというのは、物事に前向きに取り組む姿勢ができているということです。だから、親に見守られ、認められていると知っている子供たちは、勉強にもそのやる気を大いに発揮します。

「九九」を覚えたり、百人一首を暗唱したりするときも、勉強だから仕方なく…ではなく、「やってみよう」「やってみたい」という気持ちで、自分から進んで取り組んでいきます。

もしできなかったとしても簡単には挫折しません。なぜなら、親ががんばったことをちゃんと認めてくれるので、「自分にはできないのでは…」と子供が不安になることも、後ろ向きに考えることもないからです。

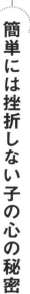

むしろ、「おもしろそう」「チャレンジしてみよう」と、意欲的にどんどんぶつかっていきます。

このとき、脳は情報を受け入れる準備をしていますから、学んだ分だけどんどん吸収して、どんどん記憶していきます。

だから、やる気のある子供はグングン伸びていくのです。

子供のやる気を感じたら、「九九」や百人一首の暗唱、100マス計算など、興味を示すものにどんどん挑戦させてください。やればやっただけ、脳の力は無限大にアップしていきます。

また、やる気にあふれているときの子供は、読み聞かせをしても、本の内容を覚えて暗唱したり、物語の続きを自分で作ったり、物語の中のシーンをイメージして絵を描いたりするなど、受け取るだけでなく、積極的に自分から参加するようになります。

読み聞かせをしたあと、親が物語の続きを考えてお話をしたり、「このシーンの絵を描いてみようか」と促すことが、その呼び水となります。

そんなとき、子供たちの想像力は現実をはるかに超えた世界を作り出しています。だからこそ、「男の子はピンクの服は着ないわよ」とか、「赤いパンダはいないよ」など否定的な反応はNG。せっかく大きく広げようとしている子供のイメージ力を閉じてしまうなんてもったいないことです。

イメージする力は、子供に未来の自分の姿やビジョンを具体的に思い描き、実現させていくために必要な力です。

その力を育てるには、現実や常識にとらわれることなく、

「ピンクが似合ってカッコいいね」

「赤いパンダに会いたいな」

などと、子供の創造性を認めて、大いにほめてあげましょう。自分で考える力、イメージする力、そして表現する力を大きく育てるために、親から子へ贈るポジティブな言葉が、その原動力となるのです。

親のポジティブな言葉が、子供の自信を伸ばしていく

みかんを使ったこんな実験があります。

同じくらいの大きさの三つのみかんを用意し、一つ目には「大好き」と毎日言葉をかけ、二つ目には「ダメだね」と言い続けます。そして、三つ目のみかんは無視し続けます。

すると、「大好き」と言われたみかんは瑞々《みずみず》しいままなのに、あとの二つは早く傷み始めます。さらに「ダメだね」と言われたみかんより、無視されたみかんのほうが早く傷みます。

この実験、興味のある方は、みかんに限らず、あんぱんでも豆腐でもご飯（お米）でもできますから、ぜひ、やってみてください。

妹や弟が生まれて、自分があまりかまってもらえなくなった上のお子さんが、「どうしてそんなことするの！」と言いたくなるようなことをしでかすことってありませんか？

実はそれは、相手にしてもらえない（無視される）くらいなら、叱られてもいいから、

自分を見て、声をかけてほしいという究極の選択なのです。

ということで、無視するよりはマシですが、やはりネガティブな言葉をかけるのはよくありません。

言葉の影響は侮れません。ましてそれが、親から子供へ発せられたものならなおさらです。右脳が伸び盛りの子供は、感受性が豊かであらゆることに敏感です。

何気なく使っている言葉でも、親が話すポジティブな表現とネガティブな表現を聞き分けて、その影響を強く受け、自分のセルフイメージに大きく反映させてしまいます。

きれいな言葉を使うことや正しい敬語を使うことが、子供の教育に役立つのはもちろんですが、ポジティブな表現も積極的に取り入れてほしいと思っています。

「どうしてできないの？」という言葉をかけていると、子供は「自分はできないんだ」と思い込み、自信をなくしていきます。これは一種の暗示と言ってもいいかもしれません。

逆に「あなたは○○が上手ね」と言葉をかけてあげれば、子供は「自分は○○が得意なんだ、できるんだ」と自信を持つようになります。

ポジティブな言葉で語りかけられると、子供の脳の動きはより活発になって、良い方向に反応します。

反対に、「〜しなさい」「〜だからダメ」「〜してはいけません」などのネガティブな言葉は、子供の心を閉ざします。

だから、「宿題しなくちゃダメでしょう」と言うよりも、**「宿題、わからないところがあったら、一緒にやろうね」**と言ってみてください。親から子供への共感や思いやりの気持ちを感じます。

そして、「早く片付けなさい」と言うよりも、**「お片付けの時間になったね。オモチャのお休みの時間だね」**と言ってみましょう。子供の自主性や感情を尊重していることが伝わってきます。

どんなことも一足飛びにできるようにはなりません。

そして、どんな子供にも得手、不得手はあります。

「何でできないの？」と言うのではなく、**「ここまではひとりでできるようになったね」**と子供の努力を認めながら、「じゃあ、次はこれができるかな？」と次のステップに自然に進めるように声かけをしましょう。

そうすることで、苦手なことも少しずつ、一歩ずつできるようになり、自信をつけていくことができます。

実践のヒント②

ポジティブな言葉への言い換え例

家事や仕事で忙しかったり、余裕がなかったりすると、ついつい子供への言葉がきつくなってしまいます。ここでは、親が子供に言いがちな言葉を上手に言い換える一例を紹介します。参考にしてみてください。

×「早くしなさい！（早く食べなさい！　早く用意しなさい！）」

○**「早くしてくれると、お母さん（お父さん）うれしいな！」**（ちょっとでも早くできたら）**「すごい！　いつもより早くできたね。ありがとう。お母さん、とってもうれしいよ！」**

×「早く宿題やりなさい！」

○**「宿題をサッと終わらせてしまおうね。終わったら、○○にしようね」**⇒おやつの時間など、子供の楽しみの時間を設ける。やるべきことをすれば、楽しいことが待っていることを教える。
○**「いつも宿題のことで口うるさく言ってしまってごめんね。○○くんが自分で宿題できるってお母さん信じているから、もうお母さんは何も口出ししないよ。自分でできることは自分でやろうね」**⇒信頼していることを示す。

×「なんで（こんな簡単なこと）できないの！」
○**「これをこんなふうにすると、できるようになるよ」**（ちょっとでも子供ができたら）**「すごい！　できたね！　がんばったら、次は□□もできるようになるよ！」**

×「何度言ったらわかるの！」
○**「○○くんのこういうところは良くないところだから、直そうね。○○くんの悪いところが直るまで、何回も言うよ。でも、○○くんは何回も言わなくてもわかってくれるよね。信じているからね」**

×「片付けなさい！」

○「もう○○する時間だから片付けるよ。○○くんがお片付けできるの、お母さんは待っているからね」（それでもなかなか片付けない場合）「お母さんが10数えるうちにお片付けしてね。10、9、8…やっぱり上手にサッと片付けできたね。すごい！」

×（食器をひっくり返したり、物を壊したりしたときに）「何やってるの！」

○故意でない場合⇓「物が壊れて、びっくりしたんだね。○○ちゃんがわざとやったんじゃないって、お母さん知っているから大丈夫だよ。次からは大事にしようね」

○故意でやった場合⇓「物を大事にできないのはいけないことだよ。○○ちゃんの心はとってもきれいだけど、物を大事にしていないと、真っ黒な心になっちゃうよ。お母さんはピカピカのきれいな心の○○ちゃんが大好きだから、真っ黒な心になってほしくないいな。次からはしないようにしてね」

×（悪いことをしたりしたとき）「そんな子は、うちの子じゃない！」

○「○○くんのこと、お母さんは大好きだよ。でも、○○くんがしたことは、お友達

がケガしたりする、とっても危なくて悪いことだから、もうしないでね」⇓そのことが悪い理由をわかりやすく説明してあげる。

×（自分のやるべきことを親に「やって！」と言ってきたとき）「自分でやりなさい！」

○**「○○ちゃんだったら、もうそれは自分でできるよ。お母さんにできるところ見せて」**

○**「○○ちゃんがそれをできるところ、お母さん、見たいなぁ」**

○**「お母さんはできないから、○○ちゃんがやって、お母さんに教えてよ」**

×「同級生の△△ちゃんはできるのに、なんであなたはできないの！」

○**「○○ちゃんならできるよ。○○ちゃんには何でもできるすごい力があるのを、お母さんは知っているよ。お母さんはどんなことがあっても○○ちゃんの味方で、ずっと応援しているよ。だからがんばってみよう！」**

子供がもっと伸びる！ 上手なほめ方三つのポイント

子供は誰でも、親にほめてもらいたいと思っています。

ほめてほしい、笑ってほしい、喜んでほしいという親への思いが、子供を動かす動機となり、さまざまな行動につながっています。

だから、子供のいいところを見つけ、毎日一つずつでもほめてあげましょう。

今まで気がつかなかった子供の良いところ、できたところに目が行くようになると、親の気持ちが変わります。すると、それを反映するように子供も変わっていきます。

「ほめる」というのは、**子育てのポイント「四つのて」**――**「愛情かけて、手をかけて、言葉をかけて、ほめて、育てる」**――の中の一つです。

ほめ方がわからない、ほめるのが苦手という親も少なくありません。そこで、ここでは上手にほめる三つのポイントをご紹介しましょう。

①小さなことでもかまいません。**毎日一回はほめるようにしましょう。**子供はほめられ

ることもうれしいですし、親がちゃんと自分を見てくれていると実感できることが、大きな励みになります。

②「チャレンジしたこと」や「がんばったこと」を、きちんと認めてほめましょう。がんばりを認めてもらえた子供は、失敗を恐れずに、さらにチャレンジできるようになります。

③気がついたら、その場ですぐにほめましょう。行動とほめられたことが結びつくと、子供は満足感が高まって、次もがんばろうという気持ちが生まれます。あとになるほど、満足感は薄れてしまいます。ここぞというタイミングでほめるから、「ちゃんと自分を見てくれているんだな」と子供が感じることができるのです。

だからといって、子供の行動をずっと監視するように見ていたり、良いことをしていないのに、「今日はいい子だったね」などと漠然とほめても、子供の心に響きません。また、やたらにほめすぎると、ほめる効果が薄れてしまいます。

その子をしっかり見て「本当に感じたこと」をポジティブな言葉で伝えることが大切です。

「クラスで1番だった」「100点だった」と、成果だけを見てほめるのもやめましょう。低学年のうちは、がんばらなくても、たまたまできたということもあります。

アメリカのある実験では、成果にこだわってほめた子供は、自分のできることだけに取り組み、より高いレベルにはチャレンジしなくなるという結果が出ています。それでは、かえってがんばる意欲を削《そ》いでしまいます。

ほめられてがんばる心が育った子供は、自分で目標を立てて取り組めるようになるのです。

人と比べないほめ方のヒント

子供への声がけとして敬遠したいのが、ほかのきょうだいやクラスの友達と比較して、「○○ちゃんよりできた」「できなかった」というもの。たとえ、それがほめ言葉であったとしても、決していいものではありません。

こんな話があります。

世界的アスリートの親たちは、きょうだいで比べたり、ほかの選手と比較したりしないで、子供自身ができること、がんばれることに取り組めるように応援するのだそうです。

1位とか2位とか、目に見える結果でのみ判断するのではなく、がんばったことを評価してきたからこそ、順位に一喜一憂せずに常に自分自身の最高の姿をイメージし、それを実現して世界という舞台で輝く存在となれるのでしょう。

生前、父・七田眞は「七田教育を受けた子供たちの中から、オリンピック選手が誕生してほしい」とよく言っていました。

そして今、実際に、先に紹介したトランポリンの伊藤正樹さんをはじめ、フィギュアスケートで活躍する本田太一さん・真凜さん・望結さん・紗来さんのきょうだいや、競泳の池江璃花子さんなど、七田式教育で育った選手たちが、世界で大活躍しています。彼らの親御さんたちは、子供たちを信じ、認め、上手にほめてきたのです。

伸びる子供は、がんばる力、やり抜く力を持っています。子供が「昨日できなかったことができるようになった」「もっとできるようにがんばった」ことをしっかりほめると、どこまでもどんどん伸びていきます。

点数や順位は、あくまで今の子供自身の位置付けにすぎません。子供のがんばりによって、いくらでも変わる可能性を持っています。

序章で紹介した、学年380番から1番になって大阪大学に現役合格した勝田さんも、親や本人が380番という順位にこだわらなかったからこそ、短期間でそれだけの成果を出せたのです。

生まれつきの「天才」はいませんが、すべての子供が、「天才」になる才能を内に秘めています。

逆に言えば、今、「天才」と言われるような活躍をしている子供たちは、お母さんやお父さんが上手にほめて、その才能を存分に伸ばした結果なのです。

ほめるだけじゃダメ。上手に叱る三つのポイント

上手にほめると子供が育つように、上手に叱ることもまた、子供をグングン伸ばす秘訣です。

しかし、「上手にほめるのも難しいけれど、上手に叱るのはもっと大変」だと相談される方も少なくありません。

ここで一度、上手な叱り方を確認しておいて損はないでしょう。

私がお伝えしている叱り方のポイントは三つあります。

①叱る時間は1分以内にする

②叱るのはそのことだけ。過去にさかのぼって蒸し返さない

③改めるべき行動だけを叱る。子供自身を否定しない

叱られると、子供は「悪いことをしてしまった！」と理解して、反省します。

ですが、いつまでもくどくど叱っていては逆効果。反省の心も消えてしまい、「うるさいお説教」にしか聞こえなくなってしまいます。毎回これでは、親の言葉を聞き流す悪いクセがついてしまいます。

また、叱るのは、現在の子供の行動だけに限定しましょう。あれもこれもと同時に叱っては、どうしてそれが悪かったのか、いつの間にか子供もわからなくなったり、反省の気持ちが失せてしまったりします。

ありがちなのは、「そんなことする子は大嫌いよ」というような子供を全否定してしまう叱り方です。

そうではなく、**「あなたのことは大好きよ。でもね…」**と、子供への愛情には変わりがないことをまず伝え、具体的に良くなかったこと、「妹をいじめたこと」や「親にウソをついたこと」「オモチャを出しっぱなしにして片付けなかったこと」などについて指摘し、叱るようにしましょう。

そして、ここがポイントなのですが、**叱った日には必ず、ほめるところも探して、言葉に出して伝えましょう。**

子供はほめられてうれしくなり、悪いところだけでなく、ちゃんと良いところも見てくれている親の愛情を実感します。叱られてへこんでいる子供の心に、親の愛情がスーッと染み込んでいくのです。

それに加えて、叱ることでネガティブに傾きがちな親自身も、気持ちをポジティブに切り替えることができます。

叱るルールを決めておこう

私が子供の頃、わが家の居間には、

「わがまま、いじわる、うそ、はんこう」

と書かれた紙が貼ってありました。

「ここに書かれたことをしたら叱るよ」という私たち親子の約束です。

それはつまり、ここに書かれていないことなら叱らないということでもあり、「わがまま、いじわる、うそ、はんこう」以外のこと、たとえばテストで悪い点を取ってきても、叱られたことはありません。

弟はメカにとても興味を持っていて、家のレコードプレーヤーを分解して壊してしまったことがあります。

「どうやって回転するんだろう?」「どうして、いろんな音が出るんだろう?」などと、好奇心がムクムクと湧き上がり、分解して調べていくうちに、元に戻せなくなってしまったのです。

実は、一度ならず二度、そういうことがあったのですが、父はそのことで弟を叱らず、そのたび、黙ってプレーヤーを買い替えました。

悪意や意地悪などではなく、純粋に「どうなっているか知りたい」という気持ちから生まれた行動だったからです。

父は、「探求心がなせるわざ」だと笑って、弟の思うようにさせていました。

父はそういうふうにブレない対応をしていましたから、私たちは親の顔色を窺うことなく、のびのびと好きなことに取り組めたのです。

大切なのは「叱る基準」を持つことです。

どういうことをしたら叱るのか、というルールを作り、子供と約束をします。子供を叱るのは、そのルールを破ったときだけ。

もちろん、ルールは子供だけでなく、親もしっかり守りましょう。

親がそのときの気分で、叱ったり叱らなかったりと基準がブレると、子供は善悪の判断ではなく、親の顔色を見て行動するようになります。

そして、叱られないためには「何もしないことが一番」と、積極的に行動することをしない子供になってしまいます。

2歳になれば、もうルールを守るということが理解できます。「まだ小さいから」と甘やかさず、「してはいけないこと」をきちんと決めて、実行しましょう。

子供の「好き！」を増やしてあげる工夫

小さいときから、電車の車止めやトイレの鍵などをお母さんに厚紙で作ってもらったというある七田式の卒業生は、３歳でハサミを使いこなせるようになり、すぐにプラレールやディズニーランドのジオラマまで作れるようになりました。

その興味を生かしたいと選んだ進学先は東京大学。そこで趣味を深め、国際的なロボット競技大会で入賞しています。

「将来、何になりたいか」を明確に描けている子供はどのくらいいるでしょう。当たり前ですが、子供は自分がいつも見ている範囲のことしかわかりません。将来も夢も、自分が見た世界、知る世界の中でしか思い描くことができないものです。

そうであるなら、親がしてあげられることは、子供の視野を広げてあげること。先の卒業生の例のように、子供の反応を見ながら、嫌いなことや興味のないことは無理強いせずに、好きなこと、できることを伸ばすチャンスを増やしてあげましょう。

子供時代は、興味が持てること、得意なことをたくさん見つけられる大事な時期です。そうした時期に、**たとえば「館」のつく場所——図書館、美術館、博物館、水族館など——に子供を連れて行くのは、とてもいい体験になります。**

こうした場所では、普段は身近にないものを見ることができます。そこで初めて触れたものに、興味を持てる何かがあるかもしれません。子供の視野がグンと広がり、子供が好きなことを見つけて伸ばすチャンスがたくさんある場所なのです。

また、わからないことを調べたり、さまざまな情報を頭の中で整理したりする習慣が身について、受け身ではなく、自分から進んで学ぶ楽しみも体験できます。

興味のあることは、まず、何でもやらせてみるのがいいと思います。

その中から「本当に好きになれるもの」「夢中になれるもの」が見つかるかもしれません。

本田望結さん・紗来さんのきょうだいは、お兄さん（太一さん）、お姉さん（真凜さん）がスケートをやっているのを実際に見て、「自分もやりたい！」と思ったそうです。

池江璃花子さんも、早稲田大学の水泳部に進学するほどの名スイマーであるお兄さんがいて、そのお兄さんが所属するプールで水泳に出会いました。

「百聞は一見にしかず」という言葉の通り、自分の目で見ることで強烈な刺激を受け、場合によってはそこでスイッチが入り、夢を持つきっかけになることがあります。いつ、どこで、何に出会うかわかりません。

ただ一つ言えることは、本田さんきょうだいも池江さんも、その「場」に出かけたからこそ、好きなものに出会うことができたのです。

子供により多くの経験をさせ、夢の入口を見つける手助けをしてあげることも、親の役目と言えるでしょう。

2章

学ぶ力の基本＝「本が好きな子」になる親の口グセ

「子供を本好きにする」ことで、より広がる未来

子供の能力を伸ばすうえで、すべての基礎になるのが「本を読む」力です。いくつになっても自分から学び、成長を続けていった七田式の卒業生たちは、それぞれ発揮する力やジャンルは違えど、みんな「本が好き」ということが共通しています。

前章で**「親子の信頼関係をしっかり築く」**ことの大切さを述べましたが、それに加えて**「子供を本好きにする」ことができたら、親の役割の半分は終わったと考えていい、とさえ私は思っている**くらいです。

それほど「本を読む子」に育てることは、その子が本来持っている力を伸ばしていくうえで、とても重要になると考えています。

東京外国語大学の学長や、国際教養大学の初代学長を務めた中嶋嶺雄先生も、読書は知力や教養の基本だと言っています。それを裏付けるように、日本で初めての24時間オープンの大学図書館を開設しています。

また、中嶋先生は、英語教育にも熱心な方でしたが、幼児期から母国語、つまり日本語をしっかり身につけることが、すべての学力・知力・教養の基礎だとおっしゃっています。

言葉を習得する一番の方法は何でしょう？　それは、言うまでもなく「読書」です。

読書によって、最も鍛えられるのは「読解力」です。

「読解力」とは、文字通り「読んで理解する力」のこと。この力がすべての科目の基礎となることは言うまでもありません。子供に読み聞かせをすると、このうち、「理解する力」が特に育ちます。

どんなに算数の計算が速くても、文章問題が理解できなければ答えを解き明かすことはできません。

また、英単語をどんなに知っていても、日本語を正しく読み解く力がなければ、英文を作ることはできないでしょう。これは、社会や理科など、あらゆる勉強に共通して言えることです。読解力が育って初めて、計算力や英語力を生かすことができると言っても過言ではありません。

学校の勉強だけではありません。

社会人になれば、課題を克服したり、目標を達成するために自発的に学ぶ必要が出てきます。その際に、小さい頃からの読書の習慣で読解力を身につけているかどうかは、大きな分かれ道になってくるはずです。

さらに、読書がもたらすのは、読解力だけではありません。

読み解く力とともに、「豊かな語彙《ごい》力」や「表現力」が身につきます。それと同時に、思考回路も読書によって作られ、考える力やイメージ力も高まります。

まだまだある、本好きの子ならではの強み

本が好きな子供は、あらゆる力が自然に鍛えられ、どんどん能力を開花させ、伸ばしていきます。

最近、さまざまな分野で話題となった方々の「読書家」としてのエピソードを例に挙げてみましょう。

お笑い芸人初の芥川賞受賞作家として注目を集めた又吉直樹さん。彼は保育園児の頃、読み聞かせの時間が大好きだったそうです。

また、ご両親が共働きだったためか、一人でいる時間は読書に没頭することが多く、中学時代には芥川龍之介や太宰治など、大好きな作家の作品を暗唱できるほど読み込み、クラスメートを驚かせたと言います。

さらに、２０１５年のノーベル生理学・医学賞を受賞した大村智さんは、たくさんの本を読むだけでなく、心に残る表現や文章は、ノートに書きためていたそうです。

七田式教育を受けた生徒の中にも、そうしたエピソードを持つ卒業生がいます。天才子

役としてＴＶドラマや映画などで大活躍している本田望結さんです。

彼女は演技をするときはいつも、自分の台詞だけでなく台本を丸ごと覚えるのだと言います。そうすることで、登場人物が「何を考えているのか」「どう思っているのか」ということまで捉えることができ、それが役作りにとても役立っているようです。

台本を丸ごと覚える、そんなことが苦もなくすぐにできるのも、読書好きなことと、幼い頃から暗唱に取り組み、記憶力を磨いていたからだと教えてくれました

本好きのメリットはまだあります。

「読書感想文がスラスラ書ける」

「試験問題がどんどん解ける」

「課題図書を読むことやレポートを書くことが楽しい」

そういった声が、七田式から巣立った子供たちからも聞こえてきます。

本は、古典から現代まで、文学や科学や歴史、伝記、芸術をはじめ、幅広い時代と幅広い分野をほぼすべてカバーしている、人類の知識と教養の詰まった宝箱です。本が好きな子供たちは、それらを楽しみながら身につけ、存分に活用しています。

子供を本好きにする第一歩は「読み聞かせ」から

ある調査によれば、「成功したビジネスマンの読書量は、平均的なビジネスマンの38倍」という驚きの結果が出ているそうです。これもまた、本を読むことでいかに力が身につくか、ということがよくわかるエピソードです。

本はたくさん読むほどに「読む」こと自体が苦にならなくなります。読んだ内容がスーッと頭に入り、すぐに理解できるようになるからです。これは、読書によってさまざまな力が鍛えられた結果です。

理解できることは楽しいこと。だから子供たちは、もっといろいろな本が読みたくなり、本を読むことがますます好きになっていきます。これこそが「本が大好き」になるいい循環と言えるでしょう。

逆に、子供の頃に本を楽しむ機会がなかった場合、読書に苦手意識や違和感を持つことが多くなります。本を読んでも深く理解できず、その内容を記憶することも、表現することも、イメージすることも難しいと感じてしまうのです。

これは、読書がもたらす恩恵を受けてこられなかったからですが、そのために、本を読むことにとても時間がかかってしまうようにもなります。すると、本を読むのがどんどん億劫《おっくう》になり、「本が嫌い」になるという負のスパイラルにはまってしまいます。

本を読む習慣は、大人になってから身につけようと思ってもなかなかうまくいかないものです。

子供を本好きに育てる、最も簡単で、最も効果的な方法は、小さい頃から親が「読み聞かせ」をすることです。

読み聞かせや暗唱などに親しんできた子供は、文章を音として脳に記憶します。それはそのまま、「聞く力」も育み、「人の話をきちんと聞ける子供」になります。

社会で成功している人たちの多くが本好きなのは、そこから得られた知識もさることながら、その力がまわりの人とのコミュニケーション能力として、大いに役立っているからと言えるでしょう。

七田式を卒業し、今は社会人として活躍している人たちからも、「人の名前をすぐ覚えられるのも、読書の習慣や暗唱をしていたおかげ。まわりの人たちとのコミュニケーションに役立っています」という声が多く届いています。

読み聞かせは、こうして習慣化しよう

読み聞かせを始めるのに、「早すぎる」ということはありません。

子供はお母さんのお腹の中でも、お母さんが読んでくれるお話を聞いています。まだ自分で話すことができない赤ちゃんでも、お母さんの読み聞かせをしっかり聞いているのです。理屈ではなく、音としてたくさんの言葉を右脳に蓄えていきます。

そもそも読み聞かせは、子供がまだ字が読めないから、代わりに読んであげるというだけのものではありません。そこには「親子のコミュニケーション」という意味合いも含まれています。

どんなに器用な人でも、何かをしながら片手間に文章を読むことはできません。ですから、読み聞かせをするときは、そのためにきちんと時間を取り、子供と向き合ってすることになります。

子供にとって読み聞かせの時間は、親を独占できるうれしい時間であり、親にとっても子供に自然に愛情を伝えることができ、信頼関係を築いて、心を育む大事な時間でもあります。

親子のコミュニケーションで考えるなら、読み聞かせにはもう一つ、リセット効果もあります。

たとえば、後片付けをしなかったことで子供を叱ったとしましょう。そのとき、子供は「お母さんは私のことが嫌いになってしまったかも…」と不安に思っているかもしれません。

けれど、読み聞かせが習慣になっていれば、「さあ、今日も本を読んであげるね」と、親も気持ちを切り替えて、明るくやさしく声をかけてあげられます。

すると子供は「私が後片付けをしなかったから叱られたんだ。嫌いになったんじゃないんだ」と、叱られた理由を正しく理解し、親に大切にされていること、愛されていることが実感でき、幸せな気持ちで眠りにつくことができます。

親の愛情を感じ取ることは、心の成長にとても大切なことです。そして、いつも聞いている親の声は、子供に安らぎを与えます。

読み聞かせをするうえで大切なこと

読み聞かせをするうえで大切なのは、できるだけ決まったタイミングで、毎日続けることです。

子供がベッドに入って眠る前や、宿題が終わったあとなど、毎日同じ時間帯で繰り返すことによって、子供が自分からさっとベッドに入ったり、誰に言われなくても宿題を手早くすませたりと、良い生活習慣作りにもつながります。

最初のうちは、本のジャンルにはあまりこだわらなくていいでしょう。

童話、昔話、民話、科学や社会のシリーズ、絵がきれいなもの、動物たちが主役のもの、図書館に出かけて、きれいだと感じたもの、おもしろそうだと思ったものなど、お母さん、お父さんの感性で自由に選んでください。

ロングセラーの絵本なら、お母さん、お父さんが子供の頃に大好きだった一冊を選んで、ぜひお子さんに読み聞かせてください。

「子供のときに、おばあちゃんに読んでもらったのよ」といった話題が出てくれれば、親子の会話も広がります。

きょうだいがいる場合は、みんなに同じ本を読み聞かせるのではなく、それぞれの子供のために本を選び、読み聞かせをしてあげましょう。

「自分のために読んでくれている」という喜びや満足感は、愛されている自分への自信になり、子供の心を豊かに育んでくれます。

同じ本ばかり読んでもらいたがるときのこんな工夫

私が子供の頃は、今よりもたくさんの昔話の絵本が身近にあったような気がします。「桃太郎」や「かぐや姫」「舌切り雀《すずめ》」「さるかに合戦」などの日本の童話はどこか素朴で、懐かしい香りがしました。

外国の童話なら、「白雪姫」や「シンデレラ」「赤ずきん」「ブレーメンの音楽隊」「ヘンゼルとグレーテル」などのグリム童話。

「アリとキリギリス」に「ウサギとカメ」「北風と太陽」「金の斧と銀の斧」など、教訓を伝えるストーリーが多いイソップ物語。

「人魚姫」や「裸の王様」といったアンデルセン童話などなど、いろいろな世界があり、まるで旅をするようにワクワクした気持ちになったのを覚えています。

本の内容ばかりか、絵がカラフルで鮮やかなものや、精緻《せいち》なタッチで描かれたもの、切り絵で表現されたものなど、描かれている絵にもさまざまあって、それを見るのもまた、楽しみでした。

父が読んでくれるのと母が読んでくれるのでは雰囲気が変わり、同じ絵本でもまったく違う印象を覚えました。

しかも、鬼になったかと思えば、今度はお姫様と、登場人物に合わせて声色《こわいろ》を変えて読んでくれるのがとても楽しく、時には、途中から違うお話を即興で作りながら読んでくれることもあり、同じ絵本を、飽きずに何度も読んでもらったものです。

このように、子供が気に入っているようなら、同じ絵本を何度も読んであげてもかまいません。大人からすると、「同じ本だと飽きないのかしら」と思うかもしれませんが、好きなものを繰り返し読んでもらうことで、子供は本の内容をしっかり理解し、イメージを膨らませ、いつの間にか覚えてしまったりもします。

すると、絵本のおもしろさに子供はどんどん夢中になります。

読み聞かせに興味を持たない子供には

「読み聞かせ」を習慣化するうえで、一つ気をつけたいことがあります。

それは、読み聞かせで子供のやりたいことを中断させない、ということ。

たとえば、子供がブロック遊びに夢中になっているときに、どんなに読み聞かせが大切だからといって、「これを読んでから、そっちをしましょう」とブロック遊びをやめさせてしまうようなことです。

そうしてしまうと、子供に「絵本はやりたいことを妨げるもの」「聞かないと好きなことができない」と思わせてしまいます。

これでは、逆効果。むしろ絵本嫌いにさせてしまう可能性もあります。

もし、子供が絵本に興味を持たない、持てないのなら、無理に読み聞かせをしようとせず、まずは、「絵本は楽しいものだ」と子供が感じられるよう工夫をしてみてください。

たとえば、イラストがカラフルでわかりやすいものや、ページをめくると折りたたまれていたものが飛び出してくるポップアップ式のものなど、見た目で楽しさが伝わる絵本もいいでしょう。

また、触るとフカフカしていたり、ザラザラ、ゴツゴツしていたりと、触感で楽しめる絵本もあります。

そのほかにも、音が鳴ったり光が出たり、ストーリーになじめないなら、まずは、目や耳、手などで楽しめる絵本を選ぶといいでしょう。

絵本にはなかなか興味を示さない子供でも、紙芝居はおもしろがって聞いてくれることが少なくありません。

今は図書館でいろいろな紙芝居を貸し出していますので、ぜひ、探してみてください。紙芝居を読むときは、絵本と違い、子供と正面から向き合う形になります。すると、子供の表情や反応がよく見えます。

子供の興味があるかどうか、どんな場面が好きかといったことも、確認しやすくなると思います。

「おすすめ年齢」にこだわらない

絵本にはたいてい、「2・3歳児向け」「小学校低学年向け」など、何歳ぐらいの子供が読むのが適当か、その目安が書かれています。

それを見て、「2、3歳向けの本は、5歳の子供には簡単すぎるかしら？」「3、4年生向きと書いてあるから、うちの子にはまだ早すぎるかしら？」と、考える親御さんも多いことでしょう。

しかし、本を選ぶときに、おすすめ年齢にあまりこだわる必要はありません。

2歳に4歳向けの絵本を、3歳に6歳向けの絵本を読んでもまったくかまいません。現に、2歳と4歳のお子さんがいる場合、4歳のお子さんに読み聞かせをしている横で、2歳のお子さんも一緒に聞きながら、おもしろいところでは一緒に笑ったりしていることがあるくらいです。

「門前の小僧、習わぬ経《きょう》を読む」という言葉があります。

たとえ最初はわからない言葉が多かったとしても、繰り返し聞いているうちに、4歳と同じように内容を理解していきます。時には、年下の子のほうが早く内容を覚えてしまったりもします。

子供が話の内容についてきているかどうかは、子供の表情を見ればわかります。目をそらしているようであれば、簡単すぎるか、難しすぎるか、興味がないかです。しっかり見入っているようであれば、続けて読んでも大丈夫です。


読み聞かせをしているとき、子供は親の声と絵本の文字とを頭の中で結びつけています。そうすることで、読める言葉が少しずつ増えていくのです。

絵本の中に読めるひらがなやカタカナが増えてくると、次第に「自分で読みたい」という気持ちが育ってきます。

ですから、子供が「読みたい」「読んでほしい」という本が、その子供にとっては「ちょうどいい」ということ。おすすめ年齢にこだわるより、子供にとって興味の持てる楽しい一冊となるはずです。


最初は、文章の中のたった1文字が読めるだけでも、いくつかの文字を拾うぐらいでもいいのです。それを続けていれば、読める文字は徐々に増えていきます。

漢字にふりがながついている絵本なら、いつの間にか漢字も読めるようになっていきます。そんなときは、「こんなに読めてすごいね！　ビックリしたよ」「この字も読めるようになったんだね」と、ほめてあげてください。

そうすると、「これも読めるよ」「あの本も読んでみたい」と、子供のほうから積極的にどんどんチャレンジするようになります。

こうなれば、読める文字は見るみる増えていくことでしょう。

その一方で、何度も読んでほしがる絵本は、一冊丸ごと暗唱させてみましょう。すると、文字はまだ読めないのに、親がするように、適当なタイミングでページをめくりながら、まるで本当に絵本を読んでいるかのように暗唱を聞かせてくれるでしょう。それができたときには、家族で大きな拍手をしてあげましょう。

それが、一人で絵本を読むようになるための大きなステップとなります。

「自分で選んだ」本で読書の幅を広げよう

たくさんの本を読み聞かせているうちに、子供は本棚から自分で好きな本を選んで、「これ読んで！」と持ってくるようになります。

「子供が好きな本ばかりに偏ってしまうのではないか」と心配になるかもしれませんが、「自分で選ぶ」「自分の好みを主張する」という能力が芽生える良い機会と捉え、どうぞ、お子さんに選ばせてあげてください。

それがシリーズ化された絵本なら、そのシリーズのほかの絵本を買ったり、借りてきたりして、読んであげましょう。

また、その絵本と同じジャンルの本——飛行機の絵本が好きだったら、ほかの乗り物の絵本など——を加えてみたり、同じ作家の作品をいくつか読み聞かせてみたり、「子供が選んだ本」を起点として、興味の範囲を広げてみるのがおすすめです。

それでも、「怪獣もの」や「特定のキャラクターもの」のシリーズが大好きで、それ以外の本にあまり興味を示してくれないと、親としては悩んでしまうもの。ついつい「もう少し感性や知識を磨く本も手に取ってくれるといいのに…」と思ってしまうこともあるでしょう。

ですが、この時期の子供に最も大切なのは、「本を読む、読んでもらうことが好き」になることです。刺激が強すぎるものは避けるとしても、「何を読むか」にはあまり神経を尖らせず、ゆったり構えていたほうがいいでしょう。

また、子供が興味のなさそうな本は、無理に読み聞かせをしなくてもいいです。ですが、「うちの子は××には興味がないから」と決めつけてしまわないでください。

その時点では興味がなかったとしても、時期がくれば、あるいはふとしたきっかけで興味を持ち始めることがあります。決めつけは子供の可能性を狭めてしまうので要注意です。

わが家では、こんなこともありました。

子供が毎日、同じような本ばかり選んで持ってくるので、ほかにもいろいろ用意してあるのに…と思いながら彼らの様子を見ていたら、いつも寝室の本棚の自分の目線の高さにある場所から本を選んでいることに気づきました。

そこで、段ごと中身を総入れ替えしてみると、案の定、リフレッシュされたその目線の高さにある本棚から、本を選んできました。

子供の行動をよく観察していると、いろいろなことがわかってきます。こうした子供の行動の意味に気づくことができれば、親の「読ませたい」本を、子供が自分で「選んだ」と思わせることもできます。

親が選んだ本を「聞かされている」のではなく、「自分で選んだ」本を「読んでもらっている」と子供は思い、「親は自分の選択を尊重してくれている」と感じます。そこから、親への信頼感や自己重要感も育っていきます。

ですから、子供の興味を伸ばしつつ、たとえば、アンパンマンが好きな子供には、「ここに、アンパンマンたちの仲間がいるよ」とパンの図鑑を選んでみるなど、子供の選択を尊重しながら、少しずつ範囲を広げていくのが理想的です。

子供には、好奇心が強い面と飽きやすい面がありますから、いつの間にかまったく別の本に熱中していることもあります。

子供が今、どんなことに興味を持っているのか、日々、子供の様子に目を向けながら、しっかり把握しておきましょう。

もっと本が楽しくなる環境の整え方

子供の本への好奇心が高まっているなと思ったら、一緒に書店や図書館に出かけてみましょう。

いろいろな本を見つけられることも魅力ですが、たくさんの人たちが本を選んだり読んだりしている様子を見て、子供は、「あの子があんなに楽しそうに読んでいる本、ぼくも読んでみたいな」「漢字もいっぱい覚えて、もっとたくさん読めるようになりたい！」と、まわりの人たちからも良い刺激を受けます。

最近は、植物園や水族館、動物園などにもミュージアムショップが増えて、図鑑や解説本などが置かれるようになっています。自分の目で見たものが本の中に出てくると、子供は「あ、これ、今日見たカバだね。大きかったね」と目を輝かせ、興味がより深まります。

さらに、「自分で調べる」習慣も身につき、子供自身の体験と本の内容が結びつくと、もっと知りたいという好奇心も大きく育ちます。

前述の本田さんの家では、壁を利用して、本を展示しているそうです。子供たちは、額縁の絵のようにきれいに壁に飾られた本を見て、「わたしはこれがいい！」「わたしはこっち！」と、見た目から本を選べるようにと、ご両親が工夫されたのだと言います。

きょうだい全員がとても本好きに育っておられますが、なかでも次女の真凜ちゃんは、時間さえあれば本を読んでいて、文章を書くのも得意なようです。読書感想文は毎年、賞を受賞するほどしっかり書き上げていると言います。

きょうだいのお母さんは、「広い視野や価値観、想像力が広がったのは読書のおかげ」と確信している様子。たくさんの本を読み聞かせることは、子供の語彙を増やし、読解力、聞く力を培《つちか》います。自分で考える力やイメージする力とともに、抽象的な思考を身につけていくのです。

一日15〜20分程度でいいので、読み聞かせはぜひ10歳くらいまで続けてください。

子供が本の本当のおもしろさを知るのは、ストーリー性のある本を自分で読むようになってから。小学校入学前に読み聞かせをやめてしまうと、本のおもしろさを知るところまで届かず、本当の意味で「本好き」にならずに終わってしまう可能性があります。

読み聞かせを続けるとともに、「主人公はどんな子だと思う？」と登場人物のイメージを子供に聞いてみたり、「このお話のどんなところがよかった？」などと、子供の感想を聞いてみたりするのもいいでしょう。

最初は「明るい子」とか「お昼寝している犬がかわいいところ」といった簡単なコメントしか返ってこないかもしれません。

そうであっても、何度も繰り返しているうちに、もう少し詳しく、もう少し深く、自分が考えたことを自分の言葉で言えるようになります。

「この本よりもこっちのほうが好きなのはどうして？」「今度は○○ちゃんがお母さんに質問してみて」といった問いかけは、複数の物事を比較する情報整理力を高めます。

また、イメージする力や表現力が高まったと思ったら、「このお話のラストを変えてみない？」「お話の続きを一緒に作ってみようか」など、子供に提案してみてもいいでしょう。きっととても楽しく取り組むはずです。

やがて、原作と自分のイメージの違いや、ストーリーの展開といったものを理解し、それを表現できるようにもなっていきます。

単に読み聞かせて終わるのではなく、さまざまな質問を投げかけることによって、子供の世界をいっそう広げていくことができるのです。

実践のヒント③

右脳を育てるおすすめの本

右脳の力は記憶力、直感力、イメージ力などがありますが、その大前提に他者への愛に満ちた心というものも必要となります。また、絵本の読み聞かせを通じて、子供に夢と志を抱かせることも大切です。それらの目的別に絵本をご紹介します。

書籍名	出版社	作者・監修者	対象年齢の目安	育つ力
脳科学からうまれた あなぽこえほん	ポプラ社	監修：岡田浩之 絵：かいちとおる	0～2歳	記憶力 直感力

おすすめのポイント：ボタンを押すと、動物の鳴き声がします。場所を覚えて記憶遊びもできますし、シャッフルボタンで場所も変えられるので、当てっこ遊びにも使えます。

サンチャイルド ビッグサイエンス（シリーズ）	チャイルド本社	※本によって異なります。	0～10歳	イメージ力

おすすめのポイント：動物や果物、乗り物、自然など、さまざまなテーマを一つ取り上げ、それについてリアルな写真が掲載されています。子供のイメージ力をかき立てるのにピッタリです！

あかい ふうせん	ほるぷ出版	作：イエラ・マリ	3～6歳	イメージ力

おすすめのポイント：文字がまったくない、絵だけの絵本です。赤い風船がリンゴや蝶など、さまざまなものに変身していきます。「次は何に変身すると思う？」などと子供に聞くなどして、イメージ遊びの一つとしても使えます。

わたしのいちばん あのこの１ばん	ポプラ社	作：アリソン・ウォルチ 絵：パトリス・バートン 訳：薫くみこ	3〜6歳	個性を大切にする心

おすすめのポイント：何でもできる「１ばん」の子を見ると、もやもやする…。でも、「１ばん」になることが、本当に「いちばん」なの？　それぞれに個性があって、みんな違っていていいというメッセージを子供に伝える絵本です。

［新装版］魂の約束	しちだ・教育研究所	詩：醍醐千里 絵：佐藤玲奈	小学生以上	自分の心や魂を磨く力

おすすめのポイント：中学校の国語教師、醍醐千里さんがインターネット上で発表し、話題になった詩「魂の約束」の詩画集です。日々迷いながら生活する思春期の子供たちに届けたい美しいメッセージが満載です。

絵本版　こども伝記ものがたり（シリーズ）	チャイルド本社	※本によって異なります。	4〜6歳	夢を持ち、人として生きる力

おすすめのポイント：有名な偉人の生き方が、幼い子供にもわかりやすいストーリーとイラストで説明されています。毎日の絵本の読み聞かせに、ぜひ加えてほしい一冊です。

小学館版 学習まんが人物館（シリーズ）	小学館	※本によって異なります。	小学生以上	夢を持ち、人として生きる力

おすすめのポイント：有名な偉人の生き方が、読み応えのあるマンガで再現されています。偉人の生き方を通じて、自身の夢を見つけるのはもちろん、人としていかに生きるべきか、そのことも学べます。

伝記ものがたり 101話	チャイルド本社	※物語によって異なります。	5歳〜	夢を持ち、人として生きる力

おすすめのポイント：偉人38人の子供時代にスポットを当て、夢を達成していく感動のドラマが記されています。子供がお気に入りの偉人を見つけるのにおすすめです。また、物語になっているので、幼い子供には読み聞かせとしても使えます。

DREAMS おとなになったら、なんになりたい？	サンクチュアリパブリッシング	写真・文：大脇崇 編集：ワールド・プロジェクト	小学生以上	夢を持ち、人として生きる力

おすすめのポイント：著者が世界55か国を周り、子供たちの夢を集めたコレクションブックです。その国や子供たちの写真も豊富で、世界を大いに感じることができます。同年代の世界の子供たちの夢を見て、自分の未来と子供自身が向き合える、そんな一冊です。

3章

「記憶力」と「読み書き計算力」が自然に高まる親子の習慣

すべての子供がすごい記憶力を持っている！

「小学校に入る前の子供に、九九を暗記させて、意味があるのですか？」

七田式の教室を見学に来られたお母さんたちに聞かれることがあります。

実際に七田式では、４歳や５歳の子供に、歌に乗せて楽しみながら九九を覚える遊びをしています。

１の段から始めますが、たいていの子供が小学校入学前までに９の段までスラスラ諳《そら》んじてしまいます。

九九だけではありません。

同じくらいの時期に、百人一首を覚えたりもします。

「あまのはら　ふりさけみれば　かすがなる～」

と詠《よ》み手が上の句を告げると、子供たちが我先にと、

「みかさのやまにっ　いでしつきかも～！」

と競い合うように、大声で下の句を続けます。

もちろん、子供たちには和歌の意味はほとんどわからないでしょう。でも、それでかまわないのです。和歌の内容を表した絵のイメージとあわせて、どんどん覚えていきます。だから、お正月明けの百人一首大会は大盛り上がりです。

さらには、円周率もゲーム感覚で記憶していきます。

円周率って、覚えていますか? 円周や円の面積を求めるときに使う「3・1415…」というアレです。終わりなく続く、まったく規則性のない数字のつながり。そんな一見、無味乾燥な数字の羅列も、

「3・1415…………」

子供たちは、覚え方のリズムをつかんで、スラスラと記憶していってしまうのです。

そう言うと、もともとその子の記憶力がいいからじゃないか? とか、親が教育熱心だからでは? と思う人もいるかもしれませんが、それは関係ありません。すべての子供が小数点以下30桁くらいは難なく覚えます。なかには百桁をわずかな時間で記憶してしまう子供もいるほどです。

そんな子供たちの記憶ぶりを目の当たりにすると、子供の潜在能力のすごさを知っているはずの私ですら、毎回、感動せずにはいられません。

なぜ入学前に九九を覚えるといいのか

でも、なぜそんな年頃のうちに「九九」や「百人一首」「円周率」を覚えさせるようにしていると思いますか？

学校の勉強を先回りしてさせているのではありません。小学校でやるカリキュラムを少しでも早くこなして、同年代の子供より有利に勉強を進めるのが目的ではないのです。

では、なぜなのか？

本当の目的は、脳が柔らかいうちに「九九」や「百人一首」を暗記することで、**「記憶の質」をグンと高め、記憶しやすい頭に変身させたいと考えている**からなのです。

新生児の脳の重さは300〜400gくらいです。それが、3歳の時点でもう約1260gになります。そこから大人になるまでに、あと200g程度しか増えないのです。

脳の大きさだけではありません。6歳くらいまでの幼児期に、脳の神経細胞に刺激を与えて神経回路を使えば使うほど、シナプスは複雑につながり合い、いたるところでミエリン（髄鞘《ずいしょう》）化が起こって、脳内の情報伝達のスピードが速くなります。

要するに、**人間が生きていくうえで必要な能力の土台を作る時期には、いろいろなものを吸収することができるように、脳はとても柔軟な状態にある**のです。

そんな状態のときに、記憶する訓練を積んでおくことで、

「生きていくうえで、しっかり記憶をすることが大事なんだな」

と脳が判断し、そのための神経ネットワークを脳内に一生懸命に作ろうとするのです。

同じことを20歳過ぎた大人が行っても、子供のようにはうまくいきません。

だから、わが家で「九九」でも「百人一首」でもいいですし、「日本の昔話」でも「童謡」でも「英語」でもかまいません。子供が興味を示すもの、親子で楽しめるものであれば、どんどん覚えさせていきましょう。

きっと、わが子の脳の力に驚くことになると思います。

幼児期に「記憶の質」を高めることの計り知れないメリット

「小さい頃からいろいろ暗唱していたからなのか、何かを覚えることが好きでした」

そう話してくれたのは、国立大学医学部で学んでいる七田式教室の卒業生（女性）です。

また、「新聞記事を1回読んだだけで、詳しく解説ができた」という卒業生（男性）は、英語の長文でも楽に暗記ができ、「勉強はやればできるので簡単」だと話していました。

何もこの二人が特別なわけではありません。ほかにもたくさんの卒業生たちが、

「古文のテストで、穴埋めがスラスラできた」

「暗記が大変だと思ったことがありません」

「英語の長文読解が得意です」

と言い、実際、ストレスを感じることなく受験勉強に取り組み、それぞれ第一志望の大学に入学し勉強に励んでいます。これは、幼児期に暗唱をして「記憶の質」を高めた結果と言えるでしょう。

「記憶の質」が高まると、他の人が長い時間をかけて覚えることを、より短い時間で楽に覚えられるようになります。

その分、余裕を持って仕事や試験に取り組むことができ、理解も早くなるので、勉強も仕事もどんどんはかどるようになります。

すると、勉強や仕事に割いていた時間が、半分とか、三分の一に短縮でき、空いた時間でもっと勉強をしたり、本を読んだり、芸術に親しんだり、スポーツを楽しんだりと、好きなことに活用することができます。

幼児期にしっかり脳を鍛えていれば、大きくなってからでも、時間を無駄なく有効活用することができ、自分の得意な分野、好きな分野で十分に力を発揮することができるのです。

右脳と左脳の記憶の違いを知っておこう

私たち大人が何かを記憶するときに使うのは、おもに「左脳」です。理屈や理論で「理解して」記憶するのです。ところが、子供はみな、感覚としてそれをそのまま「右脳」で記憶します。

見たままをイメージとして丸ごと覚えるのが「右脳記憶」の特徴です。言うなれば、写真を撮って頭の中に焼きつけるようなもの。だから、右脳を使うと、一度見たり聞いたりしたことを、瞬時に、大量に記憶することができ、いつまでも忘れることがありません。

一方、左脳で覚える記憶は「理解して覚える」という仕組みのため、一度に多くのものを記憶することができず、覚えるまでに時間もかかります。また、忘れやすいという欠点もあります。

子供は3歳頃から言葉を覚えていくことで、左脳が少しずつ発達していきます。そして、

10歳前後で右脳の発達に追いつき、それ以降はおもに左脳のほうが成長していくことは前述した通りです。

大人になるほど、「素早く」「理解を求めない」右脳でイメージ記憶するのではなく、「ゆっくり」「理解しながら」左脳で記憶するようになるのです。

ですから、右脳記憶を鍛えるなら、伸び盛りの幼児期のうちにしておかなければならないのです。

植物の成長期にたくさんの栄養や水分を与えて育てるように、人の脳も成長しやすいときに、しっかり鍛えておくことが大切です。

大きくなっても伸び続ける子供たちはみな、幼児期に右脳の力を開花させて、勉強や受験、スポーツや芸術の世界で成功しています。

実践のヒント ④

フラッシュカードでイメージ記憶力を高める

絵や文字が描かれたカードをフラッシュ（閃光《せんこう》）のようにすばやく、そして大量に見せることで、子供の右脳のスイッチを入れ、活性化させます。こうした「フラッシュカード遊び」は、右脳を鍛え、イメージ記憶力を高めるのに役立つのです。また、右脳は高速で動くため、展開の速いもの、情報量の多いものに反応します。ですから、カードを「高速」で「大量」に見せることが、この遊びの最大のポイントです。

1．1枚のカードを見せる時間の目安は1秒以内
2．絵と言葉は同時に与える
3．一度に50～100枚、できれば200枚のカードを見せるのが理想的
4．カードの絵や文字が指で隠れないようにめくる

※イメージで記憶するので、たとえば、難しい漢字などを混ぜてもいいでしょう。
大人の頭で難易度を判断しないことも重要です

カードの絵の側を子供に見せながら、
言葉の情報をてきぱきと与えていく

目と耳を使って、右脳の記憶力を伸ばそう

右脳の記憶には、前述したように、視覚からの記憶と聴覚からの記憶があります。視覚からの記憶は「写真記憶」と言われ、この力が身についていると、たくさんのものを瞬時に覚え、写真を見ているかのように再現することもできます。

そして、耳からの記憶もまた、右脳に蓄積されます。小さな頃に聞いていた童謡は、大人になってもスラスラと歌うことができます。これは、覚えたことを忘れない「右脳記憶」だからこそと言えるでしょう。

ですからこの時期は、「目で見る」「耳で聞く」遊びやゲーム、体験などがとても役に立ちます。

絵本の読み聞かせがいいのは、絵や文字を目で見て、お母さんの声を耳から聞いているからです。百人一首やかるたも、目と耳からの情報ですから、スッと頭に入っていきます。

数字の羅列も、語呂を使って耳に馴染《なじ》みやすくすると、スイスイ覚えられます。「ナク

ヨうぐいす平安京」と語呂で覚えた年号は、大人になってからもスラスラと出てきます。

こうした右脳記憶を活用するため、七田式では、「00」から「99」までの、２ケタの数字１００個すべてに、意味のある語呂合わせをつけて、子供に教えています。「15＝イチゴ」「92＝靴」といった具合です。

これを「ペグワード」と言い、これを使って数字を文章にして覚える「ペグ法」という記憶トレーニングを取り入れています。

たとえば、「１４１５９２６５３３５」という数字の羅列ならば、「『石（14）』の上に『イチゴ（15）』を置いて『靴（92）』で踏みつぶしていたら、『婿《むこ》（65）さん』が『珊瑚《さんご》（35）』の枝を振り上げて、コラーッと怒って走って来た！」などと覚えるのです。

実はこの数字、円周率（３・１４…）の小数点以下の数字を、語呂合わせで置き換えたもの。子供の脳の中では、ただの長い数字の羅列ではなく、絵本のシーンのような楽しいイメージで記憶されているはずです。

普段から使っていると、右脳の記憶力は伸びていきます。しかし、使わないでいれば錆《さ》びついてしまいます。日常の中で、右脳を使う機会を積極的にどんどん作ってあげてください。

英語、古典、数字…興味を持てば何でもチャレンジ

子供は、楽しいと思うことはどんどん吸収していきます。ですから、暗唱が楽しくなると覚えるスピードが上がり、「かけざん九九」や「百人一首」もあっという間に覚えてしまいます。

幼児期の暗記・暗唱は、子供が「やってみたい！」とチャレンジして、「できた！」という達成感を感じて自信を持つことで、より得意になる回路を作っていきます。

しかも、子供にとっては、「かけざん九九」も「百人一首」も円周率などの数字の羅列も、アニメに登場するキャラクターの名前を覚えるのと、そんなに違いません。

ですから、現代日本語も古典も漢詩も英語も数字も、子供たちは壁も区別もなく、楽しく覚えられるのです。日本の元号をスラスラと暗唱する子供たちもたくさんいます。

マザーグースなどの英語の詩も、暗唱にはぴったりの教材です。親にとっても馴染みのある童謡や唱歌も、親子で一緒に暗唱するのにおすすめです。お母さん、お父さんがミュージカルやオペラが好きなら、劇中歌を一緒に声に出して覚えてみるのもいいと思います。

暗唱に限ったことではありませんが、親が楽しそうにやっていると、子供は気になって自分も同じようにしたがるので、子供だけにさせようとするのではなく、多少、芝居くさくても、まず親が（楽しそうに）やってみせると効果的です。

また、覚えさせたいものが歌になっていると、努力したという感覚なしに、自然に頭に入っていきます。このとき、意味はわかってなくていいのです。幼児期に覚えたことは、一生頭に残りますすし、意味は、わかる時期になってから理解すれば、それでこと足りるからです。

大事なのは、子供が楽しんで暗唱をしているということ。

たとえば、平家物語の冒頭「祇園精舎《ぎおんしょうじゃ》の鐘の声…」などの古典や漢詩など、ちょっと難しいかなと思うものでも、子供自身がそうは感じていないのなら、チャレンジさせてみましょう。童謡などと同じようにスラスラと抵抗なく記憶してしまうかもしれません。

また、大人になったときに、「あ、これ知ってる」という場面も多く、ここでしっかり右脳に記憶しておくと、将来、学習するときにパッと頭に浮かんでくるので、苦手意識なくすんなり取り組むことができます。

実践のヒント⑤

暗唱におすすめの素材の例

子供が暗唱するのにおすすめの素材の一例を挙げてみます。ぜひ、親子で楽しんで暗記にトライしてみてください。

〈俳句〉

◎小林一茶

雀の子　そこのけそこのけ　お馬が通る

やれ打つな　蝿が手をすり　足をする

名月を　取ってくれろと　泣く子かな

雪とけて　村いっぱいの　子どもかな

大根《だいこ》引き　大根で道を　教へけり

◎与謝蕪村

春の海　ひねもすのたり　のたりかな

菜の花や　月は東に　日は西に

五月雨《さみだれ》や　大河を前に　家二軒

◎松尾芭蕉

古池や　蛙《かはず》飛びこむ　水の音

閑《しづか》さや　岩にしみ入る　蝉の声

（元号）～江戸時代以降～

慶長《けいちょう》→元和《げんな》→寛永《かんえい》→正保《しょうほう》→慶安《けいあん》→承応《じょうおう》→明暦《めいれき》→万治《まんじ》→寛文《かんぶん》→延宝《えんぽう》→天和《てんな》→貞享《じょうきょう》→元禄《げんろく》→宝永《ほうえい》→正徳《しょうとく》→享保《きょうほう》→元文《げんぶん》→寛保《かんぽう》→延享《えんきょう》→寛延《かんえん》→宝暦《ほうれき》→明和《めいわ》→安永《あんえい》→天明《てんめい》→寛政《かんせい》→享和《きょうわ》→文化《ぶんか》→文政《ぶんせい》→天保《てんぽう》→弘化《こうか》→嘉永《かえい》→安政《あんせい》→万延《まんえん》→文久《ぶんきゅう》→元治《げんじ》→慶応《けいおう》→明治《めいじ》→大正《たいしょう》→昭和《しょうわ》→平成《へいせい》

※慶長への改元は1596年

（元素記号）～原子番号1～20～

水	兵	リーベ		僕の			
H	He	Li	Be	B	C	N	O
水素	ヘリウム	リチウム	ベリリウム	ホウ素	炭素	窒素	酸素
1	2	3	4	5	6	7	8

船		ななまがり			シップス		
F	Ne	Na	Mg	Al	Si	P	S
フッ素	ネオン	ナトリウム	マグネシウム	アルミニウム	ケイ素	リン	硫黄
9	10	11	12	13	14	15	16

クラーク			か
Cl	Ar	K	Ca
塩素	アルゴン	カリウム	カルシウム
17	18	19	20

※元号や元素、それに東海道五十三次、県庁所在地、世界の国の首都などは、歌で覚える教材もあります！

美しい日本語のリズムと心を身につけるために

私が古典や俳句の暗唱をすすめているのは、将来、試験や受験などで役に立つということもありますが、美しい言葉や文章の流れに触れ、その教養を子供の精神の核にすることで、日本語の美しいリズムをつかむとともに、きれいな心、格調高い心を育むことができるからです。

特に俳句は、心地よいリズムで読めるので暗唱にぴったりです。お子さんが2～3歳になったら、ただ覚えるだけでなく、俳句作りにも挑戦してみましょう。

子供にとってはリズムと言葉がマッチする楽しい遊びです。見たものや聞いたものを言葉にすることで、感性が磨かれ、語彙もグンと増えてきます。

まずは、「実践のヒント5」で紹介したような、名句と言われる小林一茶・与謝蕪村らの俳句を100句以上覚え、俳句というものがどんなものかわかったうえで、子供にも作らせてみるのがおすすめ。

素直な視線と心で取り組む子供たちは、楽しみながら、驚くべきスピードで上達していきます。

実際、七田式の卒業生の中には、幼稚園の通園バスから四季折々の風景を見て、たくさんの俳句や短歌を作り、わずか5歳で文芸大賞を受賞した子もいます。

子供の作った俳句を見て、親自身が気づくこともたくさんあるはずです。

そんなときは、「葉っぱの色が変わるのを発見するなんて、よく見ているね」とほめてあげましょう。

親のひと言が子供のモチベーションを上げ、さらにいい成果へと結びついていきます。

右脳を鍛える遊びとしては、しりとりもおすすめです。

親の言葉を耳から聞いて、そこから音がつながるものを「記憶」の中から見つけ、読み聞かせなどから吸収していた言葉を「話す」——まさに、これまでやってきたことの成果を試す絶好の機会になります。

最初のうちは、子供は自分がイメージしているものの名前が言えないこともあるでしょう。

けれど、些細なことでも「そんな言葉も知っていて、すごいね」と親から認めてもらえると、見たものや聞いたものの名前をどんどん覚えようという意欲が増していきます。

子供の右脳の力を伸ばすには、何より子供の力を信じてあげることです。

「親が数学が苦手だから、子供もきっと苦手だろう」

「親が運動が嫌いなので、子供も嫌いに違いない」

そんな思い込みで子供の能力を決めつけてしまうのはナンセンスです。親の働きかけ次第で、子供の能力は無限大に伸びていきます。

幼児言葉、汚い言葉を口グセにしない

親から子供への語りかけや読み聞かせ、暗唱・暗記などを通して、子供はたくさんの言葉や文章を吸収し、記憶します。それは、コップに水を注いでいくのに似ています。生まれたときの子供は空のコップだと思ってください。親が子供にいろいろな言葉をかけることで、コップに水が貯まるように、子供の中に言葉がどんどん増えていきます。コップがあふれるくらいまで言葉をかけていくと、子供の口から言葉が自然にあふれ出てくるようになります。親が繰り返しかける言葉で、子供は言葉を育んでいくのです。

このとき、注意をしてほしいのが、**どんなに小さい子供にも赤ちゃん言葉を使わず、大人と同じように語りかけるようにすることです**。

「ですね」を「でちゅね」と言っていると、子供は「サ行」を覚えられません。すると、「サ行」の発音が苦手になり、修正するのに親も子供も苦労することになります。

だからこそ、「ブーブー」「マンマ」などの幼児語は使わず、「車」「ご飯」など、最初か

ら正しい日本語で話しかけましょう。

もう一つ気をつけたいのが、言葉遣いについてです。

小さな子供には、良い言葉か悪い言葉かの判断ができません。ですから、「うるせぇ」とか「ヤバい」「ウザい」などと、親が乱暴な言葉や間違った言葉を使うと、子供はそれもそのまま記憶して、使うようになります。

普段、何気なく話している言葉を、いつの間にか子供が覚えていてびっくりした、というのはよくある話です。

子供は、まわりの大人が話す通りに言葉を覚えていくものです。日頃から、たくさんのきれいで正しい言葉に囲まれて育った子供は、自然ときれいで正しい言葉遣いができるようになります。

乱暴な言葉はなるべく遠ざけるようにしましょう。もし、子供が人を傷つけるような言葉を言ったときは、厳しくたしなめることも必要です。

10の「基礎概念」で表現力を育てよう

読み聞かせをしている昔話の中に赤鬼と青鬼が出てくれば、子供は赤と青という色の違いがあることを学びます。

同じように、3匹の熊が登場し、大きい熊と中ぐらいの熊、小さな熊がいれば、大きさの違いがわかるようになります。

言葉を育むうえで、とても重要になる「表現力」を身につけるには、「基礎概念」を意識して話しかけ、覚えさせることが近道です。

「基礎概念」は、人として生活していくにあたって欠くことのできない10の概念のこと。「色」「形」「大小」「数」「量」「空間認識」「比較」「順序」「時」「お金」がそれです。

たとえば、「赤いボール」と言うときには、まず、「赤」という色を覚える必要があります。クレヨンなど身近にあるもので「これが赤い色だよ」と教えてあげましょう。

また、普段から「バナナは黄色いね」「本は四角だね」「お花がいくつ咲いているかな」というように、色や形、数などがわかる言葉を意識して話しかけるといいでしょう。

「基礎概念」の中で、身につけてほしいけれどなかなか難しいのが「時」の概念です。私の上の息子が保育園児の頃、車で隣の市まで出かけることになりました。そのとき息子に「遠い？」と聞かれ、「30分くらいかな」と答えました。すると、「30分ってどれくらい？」と息子が聞くのです。

私は当時、息子が好きだったウルトラマンのビデオがちょうど1話30分だったのを思い出し、「ウルトラマンのビデオを1回見るくらいだよ」と言うと、彼は「わかった」と言い、静かにしていました。

大人は何気なく「あと5分待って」などと言いますが、子供には「5分」がどれくらいの長さなのか、わからない場合があります。だから、すぐに「まだ～？」と騒ぎ出したりするのです。そういうときは、子供にわかりやすい例を出して説明してあげれば、理解しておとなしく待つことができます。

時間の感覚を身につけるには「1分ゲーム」などの遊びがおすすめです。子供たちに目をつぶらせ、親がストップウォッチで時間を計り、「1分たったと思ったら手を挙げて」という簡単なゲームです。1分に慣れてきたら、3分や5分にしてチャレンジしてもいいでしょう。こうして楽しみながら、時間の感覚を身につけていきましょう。

作文力を鍛え、表現力を磨く「カラオケカスゾ」

言葉が理解できるようになると、自分がやりたいことや欲しいものなどが、子供の頭の中で整理できるようになります。ところが、右脳の能力がどれだけ育っていても、それを表現するための「左脳」の力が育っていないと、頭の中にあるイメージを相手に伝えることはできません。

親から子へ、一方的に何かを見せたり、聞かせたりするだけでなく、お話ができるお子さんには、「○○ちゃんはどう思った？」「イメージしたのは何色？」などと質問をしてみてください。絵が描けるようなら描かせてみて、何の絵かわからなければ「何を描いたの？」と聞いてみましょう。

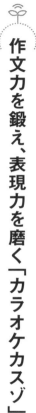

そして、小学生になったら、ぜひ、作文を書かせてみましょう。

作文は、右脳と左脳をバランスよく鍛えられます。右脳の力を使って膨らませたイメージを、左脳を働かせて文章として書き出すことで、思考をより具現化することができ、豊かな感情を育むことができるからです。

作文を書くのが苦手という子供は、「書きたいことがわからない」場合が多いようです。そんなときは、「そこはどんな場所だった？」「誰と一緒だったの？」「どんな色をしていた？」「それを見てどう思った？」というように、テーマに沿って書く内容を聞き出してあげるといいのです。

親からの質問に答えているうちに、子供の頭の中で書くべきことが浮かび、整理されて、スラスラと書き進められるようになります。

さらに作文をレベルアップするには、「したこと」だけを羅列するのではなく、五感を働かせた表現を盛り込むのがコツです。

七田式では、「**カラオケカスゾ**」を取り入れています。「**カラ**」＝カラー（色）、「**オ**」＝音、言ったことや聞いたこと、「**ケ**」＝形状や大きさ、「**カ**」＝感じたことや気持ち、「**ス**」＝数量、「**ゾ**」＝想像したことや思ったこと、です。

たとえば、「昨日、リンゴを買いました」という文章に「カラオケカスゾ」を取り入れると、

「昨日、とてもおいしそうな（**カ**）、真っ赤な（**カラ**）リンゴを二つ（**ス**）買いました。その大きな（**ケ**）リンゴを食べると、シャキッ（**オ**）と音がしました。」

という表現になり、最初の文章より、ずっと情景が想像しやすくなります。ちなみに、この文には（**ゾ**）はありませんが、もう一文、たとえば「お母さんにも食べさせてあげたいと思いました」を付け加えると、これは「**ゾ**」になります。

子供が作文を書いたら、必ず読んで感想を言ってあげましょう。「次も書きたい」という気持ちを引き出すことが大切です。作文は書けば書くほど上達します。ですから、上手にやる気を出させ、作文を書くのが楽しくて大好きになるようにさせましょう。

日常で楽しみながら計算力を鍛えるコツ

言葉と同じように、数字も勉強ではなく、ゲーム感覚で楽しみながらのほうが身につきます。

最初は、日常の何気ない場面で、子供と一緒に数を数えることから始めましょう。

おやつの時間に「イチゴがいくつあるか数えてみよう」とか、お風呂に入ったときに「肩までつかって、10まで数えようね」という感じです。階段を数えながら上ったりするのもいいですね。

少し大きくなったら、子供が好きなことをする中で、数に親しむ機会を作ってあげると、数字により親しみが湧きます。

すごろくが好きなら、サイコロを2回振って「4と6が出たら、合わせて何マス進めるかな?」と聞いてみるのもいいでしょう。

絵本が好きなら、「この絵本は全部で何ページある?」と質問したり、「30ページくらいの絵本を探してみよう」と問題を出してみると、遊びながら数が学べて「数っておもしろい」と思うようになります。

ある程度、計算ができるようになったら、お金にも親しませてください。家族でラーメン屋さんなどに行ったときなど、全部でいくらになるか、子供に計算をさせたり、「おつりはいくらになるかな?」と考えさせましょう。子供にお金を渡してレジで支払いをさせてみるのもいいと思います。

時には、「1500円で好きな本を買っていいよ」と子供に選ばせると、計算力をつけると同時に、お金の価値を体験させる良い機会になり、無駄遣いをしなくなります。そのほかにも、買物をするときに、6個入りと10個入りがあったら、1個あたりの値段はどちらが安いかを考えるのも、数字に強くなるトレーニングになります。

計算力を養う一番の近道は「九九」を覚えることです。できれば幼児期のうちに「かけざん九九」だけでなく、「たしざん九九」も覚えたほうがいいと私は思っています。さらに、2乗の答えを11×11から19×19まで覚えておくと、計算がとても楽になります。たとえば、正方形や円の面積を計算するときも、時間がかなり短縮でき、何より計算ミスの心配がありません。

語学力を磨くには、耳への刺激がポイント

子供はまわりの大人が話す通りに言葉を覚えていくと言いました。これは、日本語に限ったことではなく、英語やそのほかの外国語でも同じことです。

日本は島国で、ほかの国と陸続きではないため、私たちが使う言語は日本語だけです。しかし、世界を見ると、そのような国はむしろ珍しく、国民が2か国語を当たり前に話す国はたくさんあります。

たとえばスイスは、ドイツ、イタリア、フランスと陸続きで、公用語が四つもあります。公用語ではない英語も必修科目とする学校が多く、フランスに近いエリアでは英語とフランス語を、ドイツに近いエリアでは英語とドイツ語を、どちらが近いと言いにくいエリアでは英語とドイツ語とフランス語を使うそうです。

なぜ、そんなことができるかと言えば、周囲に多国語があふれている環境だからです。

私たち日本人が、赤ちゃんの頃からシャワーのように日本語を浴びることで自然と覚え、

身につけたように、他国語を習得する方法も同じです。

といっても、親がいろいろな言語を正しい発音で聞かせるのは無理がありますから、CDなどを利用してどんどん聞かせるのがいいでしょう。

私が小学1年生の頃、わが家では朝、英会話の音声を流しながら、食事をしていました。3人きょうだいで、私が一番上なのですが、妹と弟はその後、英語がペラペラになっています。同じ環境で育ったのに、私だけが英語を流暢《りゅうちょう》に話せないのですが、それはスタートが遅かったためです。


一般的に6歳を過ぎると、頭の中に音の障壁ができると言われます。当時小学生だった私は、すでに日本語が定着していたこともあり、英語を聞いて「理解できない言葉」だと脳が勝手に認識したようです。そのため、「日本語は聞き入れる、英語は聞き入れない」と壁を作って拒絶反応を起こしていたのです。

しかし、まだ幼かった妹や弟は、流れているのが英語だという認識もなく、ただ「何か流れてる」と素直に受け止めていたため、英語が自然と頭に入ってきたのでしょう。


子供は、耳から情報を吸収する能力に優れています。ですから、CDなどでかけ流

して言語のシャワーを浴びることが上達の近道です。

繰り返し聞いて耳が慣れたら、今度はその通りに口に出してみましょう。インプットするだけでなく、アウトプットすることで言葉は定着していきます。

文法は、あとからいくらでも補うことができます。発音や文法の多少の間違いには目をつぶり、「英語で言えた。えらいね」とたくさんほめてあげましょう。「もっとたくさん言えるようになりたい」とやる気が育ち、他言語に抵抗感を覚えず、楽々と習得できる素地が育ちます。

イメージ力を高めて「なりたい自分」を引き寄せよう

幼児教育を受け、その後、第一志望の大学で学んだり、希望の仕事に就いてイキイキと働いている人たちには共通点があります。彼らは「成功している自分、うまくいっている自分」の姿をイメージするのがとても上手なのです。

たとえばピアノの発表会に出るのなら、「自分がとても上手に弾けて、演奏を聞いていた人たちが大きな拍手をしてくれて、お母さんが『上手に弾けたね！』とほめてくれるところまでの場面をイメージしてみよう」と、子供たちに教えています。

イメージ力というと、音楽や絵画や演劇、スポーツなどでは役立つけれど、勉強にはあまり関係がないと思われているかもしれません。けれど、

「古文がスラスラ読めて、試験で全部、解答できた」

「物理の難しい公式がスッと理解できる」

「化学記号を見ると、どんな物質かがわかる」

というふうに具体的なイメージをして、「できない」とあきらめてしまわず、「私にはで

きる」というイメージを思い描けるようになると、本当にできるようになってくるのです。そして、小さな成功体験を繰り返していくことで、より難しいことにも結果がついてくるようになります。そのように、勉強にもイメージ力は大いに役立ちます。

エジソンやベルのような発明家たちは、「こういうものがあるといいな」という完成品をイメージし、自分には必ずできるというイメージがあったのでしょう。そして、何度失敗しても、それでくじけることなく、「また一歩、成功に近づいた」と思っていたはずです。だからこそ、ほかの人が思いもつかないようなものを発明することができたのです。

七田式では、「私は今、雲になっている」「葉っぱがたくさん茂った大きな木になった」「水の上を歩いている」というように、子供自身が「あるイメージ」になり切る遊びがあります。

そこで親が、「そんなこと、無理でしょ」と否定してしまっては、子供のイメージ力はふくらみません。自由に楽しく想像をふくらませることがイメージトレーニングになるのです。

ですので、「どんな形の雲かな?」「お空の上からは何が見えるかな?」といったように、子供のイメージを後押しするような声かけを心がけてください。

イメージするときに使いたい言葉、使ってはいけない言葉

ゴールを決めたあとに、一流のサッカー選手が「相手チームのメンバーがどう動くか、ボールがどこにどう運ばれるかが見えた」とコメントするのを聞いたことがあります。この発言を信じられないという親御さんもいらっしゃるでしょう。

ですが、サッカーに限らず、第一線で活躍するアスリートたちは、優れたイメージ力を持っています。

それを生かして、より速いタイムを出したり、絶妙な位置にボールをコントロールしたり、より美しい演技を披露したりしているのです。

イメージトレーニングで大事なのは、「良いイメージ、プラスのイメージを思い描くこと」です。

自分のフォームを修正していくときも、「ここが良くない」とイメージするよりも、「ここが良くなっている」イメージを思い描いたほうがうまくいきます。

池江璃花子さんは、小さい頃から雲梯《うんてい》をやっていたそうです。最初はすぐに落ちてしまいますが、「次はもっと先まで行ける」とできる姿を想像しながら、どんどん握力や腕の力をつけていきました。

イメージには、それに見合う現実を引き寄せる力があります。ですから、失敗するイメージやマイナスのイメージは禁物です。

これは、声をかける場合でも同じです。相手にイメージしてほしくないことは言葉にしてはいけません。

言葉にしたことは、少なからず頭に思い描いてしまうもの。「失敗しないでね」と否定語を使うのではなく、「うまくできるよ」と肯定的なイメージができる言葉をかけてあげましょう。

実践のヒント 6

わが家でできる「イメージトレーニング」

子供にイメージトレーニングに取り組ませる際には、「楽しさ」をキーワードにしてください。

子供がヒーロー好きならヒーローごっこ、乗り物が好きならドライブごっこなど、子供が好きなテーマで、ごっこ遊びをさせましょう。

その際には「五感に訴える」ような言葉をかけてあげることがポイントです。

「今からドライブに出発するよ！　ブルン、ブルン、ブーン。**わぁ、気持ちがいいね〜。**

窓の外を見て！　きれいなお花が咲いているよ。**何色かな？**

ちょっと止まって降りてみよう。う〜ん。**甘くていい匂いがするね！**

このあたりでお弁当を広げてみんなで食べよう。むしゃむしゃ。**おにぎり美味しいね。**

○○ちゃんのおにぎりには何が入っていたかな？」

などと、いろいろ五感で感じられる言葉をかけてあげ、具体的なイメージ遊びにしてあげましょう。さらに、イメージ力を豊かな表現力につなげるために、自由にお絵かきをさせてあげるのもおすすめです。その際には、模造紙を貼り合わせて、大きな紙を作り、そこに思いのままに表現させてあげましょう。

心が落ち着く「呼吸法」を覚えよう

これから何か大事な用事が待っているときや、ちょっと心が焦り気味のときに、深呼吸をして心を落ち着かせる方は多いでしょう。

安定したゆっくりと深い呼吸には、リラックス効果があります。不安や苛立《いらだ》ちが収まり、心が穏やかな状態になります。いざというときにしっかり力を発揮するためにも、身につけておきたい呼吸法です。

七田式では、「たぬきさんの呼吸」（息を大きく吸い込んだときに、まるでたぬきさんのお腹のようになったとイメージしながら行う呼吸法のことです）という呼び方で、取り組みの前に深呼吸をします。肺よりも下のお腹のあたり、丹田《たんでん》と呼ばれるところで呼吸をする方法です。

深い呼吸のスタートは、吐くところからです。ゆっくり細く長く、口から息を吐きます。そのときは、心配ごとや焦りなどが、吐く息と一緒に体から出て行って、体の中がスッキリするイメージを思い描きます。

息を吐き切ったら、今度はゆっくりと鼻から息を吸い込みます。体に良いこと、うれしいこと、元気の源を一緒に吸い込むイメージを浮かべながらやってみましょう。

まずは、お母さん、お父さんがやってみせてあげてください。お腹に手を当てて行うと、お腹がふくらんだりへこんだりするのを感じながらできます。

「たぬきさんのお腹みたいにプックリしているね」

「お腹と背中がくっつくくらい息を吐くよ」

と、イメージが伝わるように声をかけながら、子供に、お母さん、お父さんのお腹に触れさせるといいですね。

3回から5回繰り返すと、気分がゆったりしてきます。また、毎日の深呼吸は、親のリフレッシュにもなります。ぜひ、親子で続けてみてください。

4章

集中できる子・続けられる子になる親の口グセ

子供の集中力＝「年齢＋1分」を伸ばす工夫

一つの事柄に集中して取り組む「集中力」は、大人の私たちでもそう長くは続きません。それが、小さな子供であればなおさらです。

一般的に、子供の集中力が持続する時間は「年齢＋1分」と言われています。

けれど、ちょっとした工夫をすることで、子供の集中力はグンと高まり、プリントなどへの取り組みをより効果的なものにしてくれます。


自分を例に考えてみて、一番集中できるのはどんなときでしょう?

おそらく「好きなこと」をしているときではないでしょうか。

子供だって同じです。大好きなこと、楽しいことには、驚くほどの集中力を見せます。

ですから、集中力を高めるためにまずすべきことは、子供の好きなことを見つけることです。

好きなことは一人ひとり違いますから、いろいろなことにチャレンジし、その様子を見守りながら、何に熱中しているか、何をしているときが楽しそうかをぜひ見つけてください。

本の読み聞かせに、九九や古典の暗唱、かるた遊びなど親子で一緒に楽しめるものや、絵を描くことや音楽に親しむこと、俳句を作ったりスポーツを楽しんだりすること……などなど、これまでにご紹介してきたいろいろな遊びの中に、子供が目を輝かせ、一生懸命に取り組む「好きなこと」があるかもしれません。

集中力は「小さな習慣」をしっかり身につけることから

集中力を高めるもう一つの方法としておすすめしたいのが、**日常の中で小さな習慣を身につけていくこと**です。

たとえば、「毎朝起きたら、10分プリントをやる」ことを習慣にするとしましょう。最初は集中できなくてもかまいません。ですが、毎朝それを続けることによって「朝の10分はプリントをする時間」というスイッチが勝手に入るようになります。

すると、親が言わなくても子供は自分から進んでプリントに取り組みます。こうなればしめたものです。

子供の集中力アップに最も効果的なのは、お母さん、お父さんも何かに集中して取り組むことです。

子供は大人の姿を見て、真似をするのが大好きです。だから、お母さんがお菓子作りに一生懸命になったり、お父さんが読書に夢中になったりする姿を見せ、家族みんなで集中する時間を共有してみましょう。

すると、周囲の空気が「集中モード」となり、そこに一緒にいる子供も自然に集中するようになります。

また、集中している親の姿を見て「集中するってカッコいい」という気持ちが湧けば、子供が自ら「何かやりたい」と思うようにもなります。これは、親の腕の見せどころ。集中する親の姿を通じて教えていきましょう。

どんな習慣であれ、身につくまでには時間もかかりますし、親も根気よく付き合う必要があります。

なるべく集中しやすい環境、気が散るようなものや音が近くにないか、室温は適切かなどに気を配ってあげるといいでしょう。眠そうなときや空腹のとき、逆に満腹のときも集中が難しくなるので、子供の体調にも気をつけながら、子供たちの集中力アップを後押ししてください。

真っ先に身につけておきたい、この生活習慣

集中力と同じく、習慣によって身につく力があります。それは、「続ける力」です。習慣というのは、毎日コツコツ続けていくことです。子供の頃から、小さなことでも「毎日続ける習慣」を身につければ、大きくなってもさまざまな場面で役立つものとなります。

習慣といっても、難しいことや特別なことをする必要はありません。日常の中の些細なことでいいのです。

たとえば、序章でも述べたように、**「挨拶」は、ぜひ幼児期に身につけておきたい習慣の一つ**です。

習慣づけをするときに大切なのは、まず、親が率先して行動してみせることです。子供に「挨拶をしなさい」と言うよりも、毎朝「おはよう」と親が子供に挨拶するほうがずっと簡単で、気持ちが良くて、しかも、子供にもすんなり挨拶の習慣を身につけさせ

ることができます。

「おはよう」「こんにちは」といった挨拶だけでなく、何かをしてもらったときには「ありがとう」、自分が悪いことをしたと思ったら「ごめんなさい」などが素直に言える子供は、普段から家の中で、家族がそれを口にしているからでしょう。

また、挨拶以外でも、**脱いだクツは必ずそろえるようにする、寝る前の歯磨きを欠かさないようにする、遊び終わったら必ず片付けをする、といったことも習慣化していく**ことで、続ける力につながっていきます。

子供は、親の行動を真似するもの。ですから、日頃から子供にしてほしいことは、親が積極的にしてみせ、いいお手本となればいいのです。

「早く！」と急かすより時間感覚を高める方法

子供と接する中で、つい親が口にしがちな言葉に、「早くしなさい」があります。これを読んでいる親御さんにも心当たりがあるでしょう。

「早く準備しなさい」
「早く片付けなさい」
「早く宿題しなさい」

こう言われたとき、子供はどう思うでしょう。おそらく「これからやろうと思っていたのに」と、不満に感じているのではないでしょうか。

「早く」と急《せ》かして子供のやる気をダウンさせるより、やるべきことを一日のスケジュールに組み込んでしまいましょう。

「3時になったらおやつだから、その前に宿題をすませようね」
「7時から晩ご飯だから、その前にオモチャはしまおうね」
「お風呂から上がったら、本を読もうね」

といった具合に、宿題の時間や食事の時間、習い事の時間などをあらかじめ決めておくと習慣化しやすくなります。

また、**早寝早起きも身につけておきたい習慣**です。朝、早い時間に起きる習慣をつければ、夜は自然に眠くなります。逆に、朝遅くまで寝かせていると、夜に眠くならずになかなか寝付けません。リズムのいい一日は、早起きから始まるのです。

習慣化させたいことは、三日坊主にならないよう、**がんばって4日間続けることを、まず目標にしましょう**。

三日坊主とよく言いますが、4日がんばれると習慣になりやすいものです。「やらないのが普通」から「やるのが普通」に変わるターニングポイントが4日目なのです。もちろん、4日より5日、5日より6日続けると、より習慣化しやすくなります。

だんだんやることが当たり前になってきて、意識せずに続けられるようになります。

そうして、「時間が来たら自分からやる習慣」が身につけば、親が見ていなくても、宿題や片付けができるので、結果的に、「早くしなさい」と言う必要がなくなっていくものです。

10歳まではリビングで勉強したほうがいい理由

勉強も、さまざまな生活の習慣の中の一つです。毎日、短時間でいいのでコツコツ続けること、その時間は勉強に集中すること、を習慣にしていきましょう。

「勉強しなさい」

「宿題はすませたの？」

と毎日のように言うのは、親も大変ですし、子供にとってもプレッシャーです。それよりも、一日の中に「勉強する時間」を決めておき、

「宿題が終わったら、おやつの時間だよ」

「明日の準備をしたら、好きなことをしていいよ」

というふうに、あらかじめルールを決めておくのもいいでしょう。楽しいことが待っていれば、子供が自分から勉強をする動機づけにもなります。

勉強は、とにかくやり始めることが早く終わらせるためのポイントです。そのためにも、取り組みやすいものから始めましょう。

たとえば、新出漢字の書写などは、お手本を見ながら何回も書くだけなので、計算問題より取り組みやすいものです。書いているうちにだんだん遊びモードから勉強モードになっていくので、ストレスが少なく進められます。

子供部屋にこもって勉強させる家庭もありますが、**10歳くらいまでは、リビングなど、親の目の届く場所で勉強させるのがおすすめ**です。

たとえば、問題が解けなくて子供が苦戦していたら、すぐに助け舟を出してあげることができます。どこでつまずいているのかを確認し、ヒントを出してあげましょう。そして、「次は、きっと一人でできるよ」と励ましてあげることも大切です。

進歩が見られたら、「この間できなかった問題が、今日は解けたね」と声をかけたり、できていなくても、「この前より進んだね」「ここまでがんばったね」と、がんばったところを見てほめてあげましょう。

そばに寄り添っていることで、親は的確な励ましや助言ができ、子供も親が見守ってくれているという安心感があるので、モチベーションが上がります。

お手伝いを上手に頼んで、自主性や責任感を育てる

お手伝いは、子供の自主性や責任感、思いやり、粘り強く続ける力を育てる何よりの機会。お手伝いも、早くから習慣づけたいものの一つです。

内容は、子供の年齢に応じた簡単なことでかまいません。たとえば、玄関の家族全員のクツをそろえる、毎朝、新聞をポストから取ってくる、食事の準備の手伝いをする、お風呂掃除をするなどです。

ポイントは、子供の役割分担を決めて、任せることです。その場の思いつきであれやこれやと頼んでいると、子供はいつも「指示待ち」の姿勢になり、親から言われないとしない、自主的に動かない子になってしまいます。

私が子供の頃は、部屋に掃除機をかけることと、タオルをたたむのが私の役目でした。「掃除機をかけさせたら、兄さんの右に出る者はいない」とか、「やっぱり、タオルをたたむのは厚さんが一番うまい！」などと母に乗せられ、そうかなぁと思いながらも悪い気は

せず、いそいそと家の手伝いをしていたものです。

お手伝いをしてくれたら、「ありがとう」ときちんとお礼を言いましょう。するど子供に、「（親が）喜んでくれている」という充実感が生まれ、ますますお手伝いをしてくれるようになります。

そして、「この仕事は、〇〇ちゃんの役割として毎日やってね」とまかされると、家族の一員としての自覚や責任感が芽生え、お手伝いに取り組む意欲が湧きます。

話を聞ける子ほど、食事の習慣が身についている

小さな子供、特に男の子はじっとしているのが苦手で、体を動かすのが大好きです。なかなかおとなしくはしてくれませんが、食事のときは椅子に座って落ち着いて食べることを身につけさせなくてはいけません。

七田式の教室を見学に来られた親御さんの中には、1歳、2歳の子供たちが椅子にまっすぐに座って、講師の話をしっかりと聞いているので、びっくりされる方もいらっしゃいます。

ですが、「今はちゃんと座っている時間ですよ」「今は思いっ切り遊ぼうね」というふうにスイッチの切り替え方が身についている子供にとって、それは決して難しいことではありません。

「椅子にちゃんと座る」習慣づけにぴったりなのが、毎日の食事の時間です。

離乳食の頃から、「食事は椅子に座って食べましょうね」という声かけを続けていると、

自分で食べる年齢になったら、椅子に座って食べられるようになります。

習慣をつけるには、**家族全員で食卓に着き、「いただきます」と声に出して挨拶してから食事を始めます**。この「いただきます」が、食事タイムのオンのスイッチです。

食事中は「〇〇ちゃんの大好きなトマト、美味しいね」といった食事に関する話題や、子供との会話を家族で楽しみましょう。

小さいときは、お箸やスプーンがうまく使えずに、こぼしてしまうこともありますが、それを指摘しすぎないのも重要。あまり口うるさく言うと食事の時間が嫌いになってしまうこともあるので、「こぼしちゃったね。自分で拭こうね」と、やさしく声かけしつつ、後始末を子供にさせるようにしましょう。

最後に、**食事が終わったときにも、「ごちそうさま」と声に出して言います**。そうすることで、毎日美味しいものが食べられることへの感謝、ご飯を作ってくれる人への感謝の気持ちが、子供の中に芽生えます。

テレビとゲームのルールをどう決めるか

幼稚園や学校のクラスメートと遊ぶようになると、新しい情報を貪欲に吸収するようになります。

特に、クラスでも話題になっている人気のアニメやゲームは、「みんなが見てるから僕も見たい」「おもしろいから私も欲しい」と子供にせがまれることもあるでしょう。

「ゲームは買いません」と、厳格な線引きをするのも一つの方法だと思いますが、「見たい」「欲しい」という子供の気持ちを、ただ、抑え込もうとするだけでは解決しないケースもあります。

うちの子が小さい頃、友達の家に遊びに行ったとき、出されたお菓子を「食べていいの？」と確認してから猛烈に食べる子がいたそうです。どうやらその子の家では、お菓子は与えない方針らしく、抑圧された気持ちが爆発してしまったようです。

ゲーム機も同じで、家になくても、友達から借りてやることはできます。なので、禁止をするより、**時間を決めてさせる、約束の時間が過ぎたらさせない。約束を守れなか**

ったら、あらかじめ約束しておいた期間、親が預かるというふうに、欲求をコントロールすることを学ぶ機会にしてはいかがでしょうか。

ゲームを買い与える場合は、あらかじめ、必ずルールを決めておきましょう。ルールもなしに、ただ漠然と「やり過ぎるから」といって取り上げるのはよくありません。それでは、親に対する信頼感や自己反省の心が育ちません。

「決められたルールを守らなかったから取り上げられた。自分が悪い」というふうに因果関係を子供が理解すれば、いたずらに親に反抗することはありません。

「テレビは1日30分、勉強が終わったら見ていいよ」

「ゲームは1日1時間だけ。夜8時を過ぎたらやってはダメ」

などのルールを、子供と話し合って決めておきましょう。そして、決めたことは必ず守らせましょう。そこを甘くしてしまうと、「ああ言っているけど、本当はもっとさせてくれる」と、せっかく決めたルールが反故《ほご》になってしまいます。

「守れなかったときは3日間ゲーム禁止（ゲーム機を親が預かる）」などのペナルティーも決めておき、実行しましょう。ルールを守らせるためには、罰則も必要なのです。

後片付けを「遊びの一部」に変えちゃう習慣

「子供が後片付けをしない」という悩みをよく聞きます。絵を描いたあとの絵の具やクレパスは出しっぱなし、出したオモチャは出しっぱなしで、「片付けなさい」と言っても、箱に乱雑に詰め込むだけ、という子供も多いようです。

断捨離がブームだったり、片付け本がベストセラーになるくらいですから、大人でも片付けられない人はたくさんいます。そういう人は、子供の頃から片付けが苦手だったのではないでしょうか。

大人になったからといって、急に片付け上手にはなりません。片付けにはコツがあります。そのコツを知って、子供の頃から「片付ける習慣」をつけさせればいいのです。

まずは、片付けやすい環境を作っておくこと。オモチャは、大きな箱にまとめるのではなく、箱の中に区切りを作ったり、大きさの違う箱をいくつか準備して、それぞれを片付ける場所を決めておくと、ずっと片付けやすくなります。シールなどで色分けをすると、わかりやすいでしょう。使ったら、元あった場所に返すというのが基本です。「さあ、消防車もライオンもベッドに入る時間だよ。オモチャが寝たら、△△ちゃんは晩ご飯にしようね」と、片付けそのものを、遊びの一部にしてしまう方法もあります。このとき、お母さん、お父さんが一緒に片付けてあげると、子供にとって、より楽しい時間になります。

これが習慣として定着すると、子供は、「オモチャの寝る時間が来た」と、親に言われなくても、自分で片付けるようになります。

「片付けなさい」と言われても、どう片付けたらいいかわからない子供は意外に多いと思います。

片付け方を教え、最初のうちは手伝ってやり、一人でさせてみて、上手にできたらほめてやる、という手順を踏んで、少しずつ片付けを好きにさせましょう。ただ叱るだけでは、いつまでたっても、片付けができるようにはなりません。

お金のルールをどう決めるか

そもそも、子供にお小遣いを与えるべきかどうかというところに、賛否両論あることと思います。お金の事情はそれぞれの家庭で違っており、一概には言えないからです。

子供が一人で習い事などに通っていれば、出先で飲み物や間食を買うこともあるでしょうし、昼間お母さんが仕事に出ている家庭なら、お小遣いからおやつを買うこともあるでしょう。わずかなお小遣いから募金をする子供たちもいます。いずれにしても、その与え方が重要です。

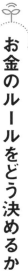

私の父は、子供時代、お小遣いをもらえなくて、就職して自分のお金を持つようになったときに、計画的なお金の使い方が身についていなくて、苦労したそうです。だから、私たち子供は、小学生になったときにお小遣いをもらっていました。そのお小遣いは何に使ってもいいけれど、お小遣い帳をつけるのが決まりでした。

お小遣いの金額は、小学校1年生で500円、2年生は600円、3年生は700円…というふうに、学年が上がるとアップしていきました。きょうだいがいる場合なら、上のりあります。

子と下の子を同じ金額にするより、年齢によって金額を変えたほうが、むしろ納得性があります。「お兄ちゃんのほうが多いけれど、自分もその学年になったら、同じだけもらえる」と理解するからです。

最初の頃は、お小遣いをもらうとすぐに使ってしまって、「足りないから、もう少し欲しい」と言ってくることもあるでしょう。ですが、足りないからと言って足すのはよくありません。「次のお小遣いの日になったらね」と笑顔でさらりとかわしましょう。

そのうちに、「今度の日曜日には友達と遊びに行くから、その分を残しておこう」「今週はお菓子をたくさん買ったから、来週はちょっとがまんしよう」と、子供は自分で工夫をするようになります。

こういうふうにして、「欲しいものは、自分のお小遣いをやりくりして買う」というのが原則ですが、わが家では、子供が本好きになるようにという願いから、本だけは子供が読みたいというものはすべて買っていました。

実践のヒント 7

お金感覚を身につけさせる

小学校に入ったら、少額でもお小遣いを渡すことをおすすめします。お小遣いを上手に使って計画性や自己管理能力を身につけさせることが大切だからです。

そのためには、何に使ってもいいけれど、必ず、

◎お小遣い帳をつけること

を徹底させましょう。また、

◎それができないとお小遣いをあげないという約束にする

ことで、子供も一生懸命に記録しようとします。

また、そうすることで、金銭感覚が身につくだけでなく、お金が足りないときには

買いたいものがあってもがまんするという、欲望をコントロールする力も育ちます。

さらに自分のお小遣いで買ったものはとても価値があるものに感じるので、物を大切にする心が育ちます。物を大切にできるということは、自分以外の物や人にもやさしい気持ちで接することができるようになります。

そのようなやさしい心は人とのコミュニケーションを円滑にしてくれます。良い人間関係を築かせるためにも、早くからお金に触れさせ、適切な金銭感覚を身につけさせたいものです。

心のコントロールができる子にしよう

七田式では、いつも心の成長が大切だとお話をします。相手を思いやる心や人の役に立ちたいという心、育むべき心のありようはいろいろありますが、子育ての大きな目標である「子供の自立」を叶えるのに最も重要なのは「がまんの心」です。

正しいしつけは「がまん」を教えることから始まると言っても過言ではありません。子供の意思や考えを尊重することは、決して子供のしたいようにさせるという意味ではありません。したいようにする子供は、自分さえ良ければいいと考え、自分のやっていることに責任の取れない人に育ちます。

小さい頃から「がまんの心」を育んできた子供は、自分と反対の意見も一方的に否定せず、自分の気持ちをコントロールすることができます。これは、将来の自分を助ける大きな力になります。

はじめは「小さながまん」から始め、それを積み重ねて「大きながまん」ができるように子供を導きます。具体例をご紹介しましょう。

前述の池江璃花子さんのお母さんは、子供が「お母さん、ねえ見て見て‼」と言ってきても、家事などで手が離せないときは、「なあに？」とすぐに子供の相手をするのではなく、「今、用事をしているから、それが終わるまで待っててね」と言って、区切りの良いところまで自分の作業をし、そのあとで子供の要望に応えるようにしていたそうです。

そして、子供と向き合ったときには、「用事が終わるまで待っててくれてありがとう。助かったよ」「ちゃんと待っててえらかったね」と、待っていたことをほめたり、感謝の言葉をかけたと言います。

「待たせてごめんね」ではなく、「待っててくれてありがとう」。ポジティブにそう伝えれば、親には親の大事な用事があること、待たせたお母さんが悪いのではないことが伝わります。そして、自分は最優先ではなく、がまんしなければならないときもあることを学ぶのです。

うちの息子がまだ保育園の園児だった頃の話はこうです。

私が近くのショッピングセンターに買い物に行くと言うと、息子が「僕も行きたい」と言ってきました。「一緒に来てもいいけど、今日は何も買わないよ。それでもいい？」と聞いてから出かけましたが、オモチャ売り場で大好きなキャラクターの新しいオモチャを発見した彼は、それを「買ってほしい」とねだります。すかさず私は、「今日は何も買わない約束だったでしょ」と断りました。

すると、息子は突然、その場に仰向けに寝転んで、「これ買ってほしい～！」と大声で駄々をこね始めたのです。

正直なところ、「困ったな」と思いました。しかし、親がここで負けて、「しょうがないなぁ」とルールを破って買ってしまっては、「大声でねだればいつでも買ってもらえる」と、子供は学習してしまいます。ここが踏ん張りどころだと思いました。

私はこっそり、子供からは姿の見えないところに隠れ、しばらく彼の様子を見ていました。

そのうち、息子は私がそばにいないことに気づき、泣きやんで立ち上がりました。その後、私が息子のそばに戻ってからはもう駄々をこねることはありませんでした。

がまんやルールは、2歳になれば、もう理解できます。小さいうちに、がまんすることやルールを守ることを教えると、子供はそうすることが当たり前だと思い、できるようになるのです。

「ご褒美」でつるのも、やり方しだい

「○○したら、お小遣いをあげる」

「○○ができたら、遊園地に連れて行ってあげる」

こんなふうに、何かのご褒美で子供をつるのはあまり良くないと言われます。

たしかに、日常的にご褒美でつっていると、「ご褒美がないならやらない」ということにもなりかねません。

ですが、時に思いがけないご褒美があると、生活にメリハリがつきますし、「もっとがんばろう」と子供のモチベーションが上がります。

うちの子供たちがまだ小さい頃ですが、春休みに甥《おい》や姪《めい》もわが家に集まって、にぎやかに過ごしたことがあります。

私が思い立って、子供たちに「春休み中に本を30冊読んだら1000円、お小遣いをあげる」と言ったところ、子供たちはわれ先に本を読み始めたのです。

できるだけ早く30冊になるように、薄い本を選ぶのかな？　と思っていましたが、彼らは本棚から読みたい本を探してきては、厚い薄いに関係なく、次々読んでいるのです。どの子もあまりに読書に夢中なので、ほかのことも楽しめるようにと、読書の時間帯を制限したほどでした。

たとえば、漢字検定や英語検定などにチャレンジして、見事に合格したとき、ピアノや演劇の発表会で良いパフォーマンスができたときなどは、**子供だけにご褒美というよりも、「家族でお寿司を食べに行く」「週末に家族でテーマパークに遊びに行く」**など、**家族みんなで喜びを分かち合う習慣にする**といいでしょう。

このように「私ががんばったら、家族みんなで喜びを分かち合えた」という経験は、「まわりの人たちの役に立ちたい」という気持ちを育んでくれるものです。

5章

失敗に負けない！子供の「折れない心」の育て方

子供の自己肯定感を低くしている親の口グセ

日本の文化の中で、「謙遜」「遠慮」は美徳とされてきました。そのせいなのか、親が第三者に対して、「うちの子なんてぜんぜんよ」などと、自分の子供を低めて言うのはよく見られる光景です。

けれど、それが子供の自己肯定感を貶めているとしたら、どうでしょう。

もし、子供が聞いているところでそれをしているのなら、今すぐやめてほしいと切に願います。

謙遜からくる親の発言によって、子供の心の中に、「自分は能力の低い、劣っている人間なのだ」という認識を植えつけてしまう可能性を考えていますか？

お子さんは「どうせ」「わたしなんか」「ぼくなんか」と、よく口にしていませんか？

それはある意味、子供からのＳＯＳです。

自己肯定感が高いというのは、自らの存在に価値を見出し、誇りに思うことです。

そもそも、人ひとりの存在は、両親、祖父母、その先にいた数多くの祖先がつないできた無数の命の結果です。

自分という存在にたどり着くまでの、気の遠くなるような偶然の重なりを考えたとき、命がいかに尊いものであるかに改めて驚かされ、自分のことを低く評価することなど、間違っていると理解できるはずです。

自己肯定感は、生きていくためにとても大切。周囲の大人、特に親のかける言葉は子供に大きな影響を与えます。

子供に「自分は愛される価値のある人間だ」と自信を持たせるのか、「何もできない価値のない人間だ」と自己肯定できない子供にしてしまうのか。それは、親の言動が決めると言っても過言ではありません。

幼児教育を受けた子供が陥りがちな二つの落とし穴

長年、幼児教育に取り組んできて、能力を開花させ、育んだ子供たちが陥る恐れのある落とし穴が二つあるように感じています。

一つは、まわりの子供より勉強などができてしまうことが多いので、高慢な気持ちになってしまうことです。

小学校に入る前にスラスラ黙読ができて、ひらがな、カタカナが書けて、計算も楽々できるような高い能力を身につけていると、まわりの友達より自分がはるかに優れていると思ってしまいがちです。

上手に力をつけてきた子供に対しては、「能ある鷹は爪を隠す」ということを教えておかなければなりません。

私の場合は、小学生になった頃だったか、父から、「もし、授業中、自分が知っていることが出てきても、自分が知っているということをひけらかすものではないよ。そういうときには静かに黙っていて、まわりの友達がわからなくて困っているようなら、こうやってやるんだよって、そっと教えてあげなさい」と言われて育ちました。
「ちょっと勉強ができるからって、イヤな感じ」と思われてしまうと、人間関係がうまく作れなくなってしまいますので、このことは、折を見て、ぜひ、お子さんに伝えてほしいのです。

もう一つの落とし穴は、ちょっとやればできてしまうことで、学習に対して真面目に取り組まなくなってしまうことです。ついサボりがちになり、学習習慣がうまく身につきません。

小学生のうちはこれで乗り切れたとしても、基本的な学習習慣が身についていないと、中学校に入った頃くらいから苦労することになります。

習慣として身についていないこと、普段やり慣れていないことをすることはストレスに感じます。ですから、安定した学力向上につながりにくくなるのです。

努力をしなければ進歩はありません。素質は持っていても、努力が伴わないと伸びる幅にも限界が出てきてしまいます。

幼児期に培った「イメージ力」や「記憶力」は非常に得難く、貴重なものですが、それはそれとして、**たとえ15分でもいいので、机に向かう習慣をつけておきましょう。**

学校の宿題があっという間に終わってしまうお子さんなら、学校の勉強に関係のないことでもいいので、そのお子さんに合った別の課題を与えて取り組ませるといいのです。

そうして、コツコツと努力すること、習得することの尊さも味わわせましょう。

子供が残酷な言葉を言ったり、言われたりしたときには

私たち親世代は、これまで生きてきた中で「人間関係の大切さ」を感じ取ってきました。だからこそ、子供たちにも「いい人間関係を」と願います。

私自身、高い学力や多くの知識を身につけることと同様、あるいはそれ以上に、人間関係をうまく築く能力を育む必要性を感じています。

そのためには、小さなうちから、同世代の子供たちと人間関係を築く経験をさせていきましょう。

子供にとって一番最初に接する、そして、一番小さな単位の社会が「家庭」です。そこでの会話や行動が、子供の社会性に大きく影響するのはもちろんですが、同世代の子供たちとのコミュニティーも、子供にとって非常に身近で重要な社会となります。

小学生くらいになると、平気で残酷な言葉を相手に投げつけてくる子も出てきます。私にも経験がありますが、そんなことを言われると、当然、言われた子は悲しくなりますが、

そのことを親に打ち明けることができれば、気持ちが少し楽になります。

そして、**「お母さんはそうは思わないよ」「その友達はあなたのことをよく知らないんだね」などと、子供の心に寄り添ってあげましょう。**

そのうえで、「でも、その友達のことを悪く思ったり、ほかの人にそのことを言ってはいけないよ。そんなことをしたら、溝が深まるばかりで、いいことはないよ。あなたがその人のことを大切にしていたら、いつかはわかってくれるよ」というような話を父から聞かされた記憶があります。

もし、わが子が残酷な言葉をきょうだい間で使ったりしていたのなら、外でも同じように言う可能性は大なので、なるべく小さいうちから、**「そんな言葉を使ってはダメ。あなたの値打ちが下がるよ」**などと諭し、それでもそんな言葉を使うようなら見逃してはいけません。

今までこんなに厳しく怒られたことはないというくらいの剣幕で、厳しく叱らなければなりません。それがその子の将来のためなのです。

しかし、純真な子供が、残酷な言葉を投げつけてくるような相手といきなり出会って、円滑な人間関係を築くことなど、なかなかできません。いざというときにあわてないためにも、小さいうちからいろんな子供たちと関わる経験を持たせ、人に譲ること、人に貸すこと、がまんすることなどを学ばせておくとよいでしょう。

そして、学校というのは本当に大切な友達と出会う場であり、そんな彼らとの友情を育む場でもあります。

親がそばにいて、いつでもフォローしてもらえる環境は、子供にとって居心地の良いものですが、いつまでもそうしていられるわけではありません。

友達と遊べるようになったら、自分で友達を作り、友情を育てるという経験をさせ、それが自分でできるという自信をつけさせましょう。

その経験や自信、そしてそこから生まれ、得たものは、子供にとってかけがえのない財産となります。どんなところでも、たくさんの友達を作り、たくましく生きていける力をつけてあげましょう。

イヤイヤ期は、子供の意見を尊重する言葉がけを

反抗期というのは、幼児期と思春期の2回あると言われます。1回目は2～5歳くらいの幼児期、2回目が中・高校生の頃の思春期です。

両方とも、親の保護下からちょっと外に出てみたい、自分の思い通りにやってみたいという気持ちから生じるものです。

1回目の反抗期が訪れる幼児期は、大人の言うことに何でも「イヤ！」と反発することが多くなります。

それまでは、親に何でも全部やってもらって、自分の意思で行動することはほとんどなく、何かを訴えるときも、泣くという方法しかありません。

しかし、少しずつ、言葉で自分の意思を伝えることができるようになってくると、それがうれしくて、全部を自分の思い通りにしたいという欲求が出てくるのです。

こんなとき、子供は親からの提案に対して何でも「やだ、しない」という態度を取りま

す。ですから、「イエスかノーか」で返答を求めても、「ノー」としか返ってきません。

たとえば、「今日のおやつはリンゴでいい？」と聞けば、「イヤだ」と言うでしょう。それなら**「今日のおやつは、リンゴとバナナ、どっちがいい？」**と聞いてみましょう。

2択や3択にして、子供自身に選ばせるようにすると、親に押しつけられたのではなく、子供は自分で選んだのだという満足感を覚えます。

こうすることで、自分の意見が尊重されているという実感を持つことができ、子供の気持ちは落ち着きます。

反抗期は、かまってほしい気持ちの裏返し？

子供が反抗するときは、自分の意思を通したいという気持ちだけでなく、親にかまってほしいという気持ちや、さみしい気持ちが原因の場合もあります。反抗すれば親がかまってくれるとインプットされている場合があるのです。

仕事や家事に追われ、忙しいからとコミュニケーション不足になっていないか、また、きょうだいがいる場合は、下の子ばかりかまって、上の子をないがしろにしていないかを見直してみてください。

かまってほしい反抗期は、短くとも親との密度の濃い時間があれば、簡単に解消できます。

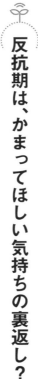

寝る前の絵本の読み聞かせや、「行ってきます」のハグなど、ちょっとしたことで親の愛情は伝わり、子供も親の愛情を敏感にキャッチします。

少し恥ずかしい、と思うかもしれませんが、時には「○○ちゃん、愛しているよ」と言って、ギューッと抱きしめてあげましょう。

心の中で思うだけでは、子供に愛情を伝えることはできません。**スキンシップや言葉かけできちんとコミュニケーションを取ることで、子供は「自分は大切にされている」と感じることができる**のです。

反抗期は、親にとっては手がかかって困ってしまうことも多いですが、子供が自立へのステップを踏み出した証拠です。親はドーンと構えて、オロオロせずに一貫した態度を取ることが大切です。

子供と決めた家族のルール（お手伝いや、○○はしてはいけない、など）があれば、子供が素直に受け入れないからといって遠慮してはいけません。

また、こうしたほうが本人のためになると思うことであれば、ただ強制するのではなく、**「お父さんはこうしたほうがいいと思うよ」というような言い方で、行為について教え諭し、あくまでも子供の人格は否定しないようにしましょう。**

むしろ、この時期を良い関係作りの機会と考え、より円満な親子関係を築いていくチャンスだと捉えてみてください。

習い事や続けてきたことを「やめたい」と言い出したときには

子供がいろいろなことにチャレンジする中で、失敗してしまったり、挫折したりということがあります。それを乗り越え、何事にもくじけない強い心を持ってほしいと、親なら誰しも願うでしょう。

そんなとき、ひたすら強い言葉で叱咤《しった》激励するばかりでは、子供の心は疲れてしまいます。

子供に寄り添って、自分の経験を伝えたりしながら、ともにその失敗や挫折を乗り越えることを体験させてあげましょう。

うちの長男は小学生のとき、習字・そろばん・ピアノなど、習い事をたくさんしていて、友達と遊ぶ時間を優先したくなったからか、小3ぐらいの頃、「そろばんをやめたい」と言ってきたことがありました。

わが家では、習い事を始めるのもやめるのも、強制はせず、子供の意思を尊重していたので、**「じゃあ、お父さんも一緒に行ってあげるから、そろばんの先生に『今までありがとうございました』ってお礼をしに行こう」**と言いました。そして、本人に挨拶をさせました。

ピアノは小学校卒業と同時にやめましたが、そのときは自分で挨拶に行ったようです。しかし、高校時代に、「ピアノはもっと続けていればよかった」と言っていました。

子供は、将来のことより、今の気持ちを優先しがちです。そこで、親が、人生の先輩として自分の経験を伝えることで、子供に先々のことを考えさせ、考えを改めさせることができるかもしれません。

子供の意思が変わらなかったとしても、やめ際に取るべき行動や、途中でやめてしまったけど続けていればよかったと思うことも、大事な経験となります。

そういうことを子供のうちに経験せずに、大人になって初めて挫折感を味わうと、その気持ちをどう処理してよいかわからず、パニックに陥ってしまうことがあります。親が寄り添っていられる子供のうちに、手を差し伸べたり、一緒に考えたりして、失敗や挫折を乗り越えられると、それは子供にとって非常にプラスの体験となります。

しかし、親はあくまで応援団であることを忘れてはいけません。主人公は子供です。子供があきらめかけていることがあれば、「ここまでやってきたのに…それでいいの？」と、踏みとどまるような言葉をかけてあげましょう。

時には、ユーモアを持って、「それじゃ、お母さんが○○くんの代わりにやってみようかなー、できたらお母さんがほめられちゃうなー」などと言って、子供のやる気を奮い立たせる方法もあります。

いずれにせよ、「うちの子なら絶対にできる」と信じて接していくことが大切です。

誰か一人でも１００％自分の味方でいてくれる、自分を応援してくれる人がいるということは、子供にとって非常に大きな力となります。

親が絶対的な応援団として、自分を信じ、見守ってくれているということは、子供にとってとても大きな支えになるのです。

「自分を信じられる子」の心を支える親の習慣

「子育てで一番大切なことは？」と聞かれたとき、私は「愛」だと答えます。
子育てがうまくいっていると思える基準は、子供が「親に愛されている」という自信を持っていることです。親が愛情を十分に伝え、親子の一体感を育むことが非常に大切なのです。

ところが、愛情とは表現しないと伝わらないことのほうが多いもの。
子供が問題行動を起こしたり、困った行動を取ったりするとき、その原因の一つに、子供が自分自身の存在に自信が持てないということが挙げられます。親は子供に愛情を伝えているつもりでも、子供に伝わっておらず、「親から愛されている」と実感できないこともあるのです。

親に愛されているという実感を強く持てている子供は、自分に自信を持て、自分の力を信じることができて、どんなことにも積極的に挑戦していくことができます。

では、どうすれば子供に愛情が伝えられるのでしょう。

最もダイレクトに愛情を伝えられる方法として、「スキンシップ」があります。手をつないだり、ベビーマッサージをしたりすると、その際の目線の交差や言葉かけも含めて、とても直接的に、効率よく愛情を伝えることができます。

そして、お父さん、お母さんが子供の話をしっかり聞いてあげることも大切です。

親が忙しく、話を聞いてもらえることがほとんどない場合、子供は「親に嫌われてしまったのではないか」と、疑心暗鬼になってしまいます。私にもそんな時期がありました。

私の両親は共働きだったため、「遊んでほしいな」と思っても、忙しそうでなかなか甘えることができずにいました。

両親も私も、お互いに愛情をきちんと「伝える」「受け取る」ことができていなかったのでしょう。そのことが原因してか、恥ずかしい話、実は私は小学校5年生になっても、時々、おねしょをしていました。

「親に愛されているのだろうか」という不安を私が抱えているのではないかということに気づいた両親は、「私たちがいけなかった。本当にごめんね」と、偽ることなく涙ながらに話してくれたのです。

これをきっかけに不安はなくなり、おねしょもピタリとしなくなりました。親から愛されているという実感を持てる子供は、さみしさを感じません。話を聞いてもらえるということは、「あなたが大事な存在よ」という親のメッセージを確かに受け取っているということなのです。

だから、まず親が自分のために手を止め、目を見て話を聞いてくれたという実感を子供が持てるよう、短い間でもいいので、しっかり向き合ってください。

さらに、「絵本の読み聞かせ」も、わが家の愛情表現の定番でした。絵本を読み聞かせるときは、子供のことだけを考え、そのことだけに没頭できますから、子供を中心にした時間を作れます。

「愛」というのは、一度伝えたらしばらく有効であるかというと、そんなことはありません。どうやら「愛」には賞味期限があり、それは意外に短いもののようで、親に3日もかまってもらえないと、子供の心は大いにざわついてしまいます。

「大好きだよ」

「生まれてきてくれて良かった」

などの直接的な言葉を口グセにして、ことあるごとに話しかけてあげてください。

毎日少しずつでもいいので、「大事に思ってるよ」ということを言葉や態度で伝え続ける――このことをよく心に留めて、子供と向き合っていただけたらと願います。

6章

親も子も、ともに成長できる「笑顔の子育て」のヒント

子供への教育は「気づいたとき」がベストタイミング

幼児教育では、3歳までの時間がとても大切と考えられています。

だからといって、「4歳になってしまったからもう遅い」「もっと早く始めていれば」などと悲観的に思わなくても大丈夫です。

子供への教育は、いつスタートしても「遅い」ということはありません。おうちの方が、「よし、やってみよう」と強く思った〝その時〟こそがスタートに適した時期だと考えてください。

今知って、今スタートできることを幸運と感じ、意欲的に取り組んでいくことで、子供の能力をグンと伸ばすことが可能になります。

子供がもしも今、学習面で遅れているようであれば、**親は子供のつまずきのポイントを見極め、そのレベルまで戻って、学び直していくことが大切**です。クツを片方しか履いていなければ、うまく歩けるはずはありません。落としたところまで戻り、クツを拾うことが大事なのです。

私自身も、中学入学前のころ、小学5年生の「分数のたし算・ひき算」が苦手で、そこまで遡って復習した経験があります。そのおかげか、数学は一番好きで、得意な科目となりました。

最初は、自分の学年より下の内容に取り組むことに、抵抗を感じるかもしれません。しかし、子供自身が「できる喜び」を感じる経験は、どんなご褒美にも勝ります。

できるところまで戻って、確実に「できる」経験をさせてください。子供自身が「絶対できる！」という自信や喜びを持つことは、非常に大きな力となり、苦手なことにもチャレンジしていく強い精神につながります。

親は種を蒔《ま》いたり、出てきた芽に水をあげたりすることはできますが、親にできるのはそのあたりまでで、その芽をいかに大きく育て、開花させるかというのは本人自身の努力によるのです。

最終的には子供自身の人生であり、本人のがんばりにかかっているので、親が無理やり子供の手を引いて先導していくのではなく、子供から目を離すことなく、あくまで「手を差し伸べて」サポートしていくスタンスを大切にしたいものです。

その子の「持って生まれた運」を尊重しよう

先日、あるお母さんとお話しする機会がありました。

幼児と小学生をお持ちのこのお母さんは、「子供が二人三人といると、子供が一人だったときと同じように、じっくり関わる時間を取れない」と悩んでいらっしゃいました。同じような悩みを持つ方は、とても多いのではないでしょうか。

私は、**「それはお母さんのせいではなく、その子の『運』なのだから、お母さんが気にすることはありませんよ」**とお話ししました。

子育てに手を抜いている人なんていません。みんな精いっぱい、自分の子供と向き合っているのだけど、結果として、どうしても子供によってかける時間に差が出てしまうのは普通のことで、それはその子が持って生まれた「運」のようなものなのです。

第一子に生まれて、親の愛情や時間を独占する機会を持てたことも「運」であれば、第二子、第三子として生まれて、親がかけてくれる時間は少なくとも、お兄ちゃんお姉ちゃんから学ぶことが多いというのも、その子の「運」です。「運」は、親の力で左右することができるものではありません。

ですから、おうちの方は、その子の運をいかに高めるかに心を砕くようにするとよいのです。

この子にはこれもしてやれなかった、あれもしてやれなかったなどとクヨクヨする必要はないし、「悪い母親だった」などと自分を卑下する必要もないのです。おうちの方がポジティブシンキングでいないと、子供も決してポジティブにはなれません。

先の悩んでいたお母さんは、子供の置かれた状況を〝その子の持って生まれた「運」〟として捉える考え方は初めてだと驚きながらも、「とっても気持ちが楽になりました」と言ってくださいました。

親子の数だけ子育てがあります。どれが正解だとか、どれが間違っているだとかはありません。**あなたが自分の目で子供をしっかり見て、考え、行っているその方法が、あなたの子供に最も良い子育て**なのです。

時間がない、心に余裕がない、体調が優れないなどの理由で、子供としっかり向き合えないことがあるのは普通のことで、子供に何もできないときは、誰にだってあります。

そんなときは、子供に優しい笑顔を見せるだけでいいのです。**「あなたのことが大好きよ」と言って笑顔を見せ、抱きしめてやるだけで十分**です。

たとえ、子供に少し問題行動が見られたとしても、笑顔とハグだけでもよいので続けていると、子供は変わってきます。「自分は親から愛されている」と実感することで、見るみる変わっていった子供を、私は何人も見ています。

子育てに重要なのは、かける時間の長さではありません。子供に接する時間がどうしても短くなってしまうのなら、その時間内にできることをすればいいと、割り切ることも必要です。

そうしなければ、親もストレスがたまりますし、それは子供にも伝わります。

子育ては量より質。時間の長さよりも密度と深さを意識して、子供と向き合っていきましょう。

親子一緒にチャレンジする時間を持とう

子育てで一つの目標にしたいことは、「子供と共にある」ということです。ここで、アメリカインディアンに伝わる子育て四訓をご紹介します。

一、乳飲み子からは、肌を離すな
一、幼児は肌を離して、手を離すな
一、少年は手を離して、目を離すな
一、青年は目を離して、心を離すな

親として、わが子との関わり方、寄り添い方はどうあるべきかを、簡潔な言葉で見事に表しています。親は、形を変えながらも、常に子供と共にあるべきなのです。

幼少期においては、親子で一緒に何かに取り組む経験が、非常に大切です。

たとえば、百人一首の暗唱に子供と一緒にチャレンジしてみる、自由研究に親子一緒に取り組んでみる、洗濯物をたたむのを子供に手伝ってもらうなど、勉強でもお手伝いでも、何でもかまいません。「一緒にすること」に意味があるのです。

一緒に何かに取り組んでいくためには、親は子供の様子をよく見て、適切に言葉かけを行い、時には手を添えて、子供が成功へと歩めるよう、手助けをする必要があります。

このことは、親の子供への愛情を示すことになります。同時に、前向きに取り組む姿勢や、一生懸命がんばる姿を見せることで、言葉で教える以上に強く、これらの行動が尊いことを子供に教えることができます。

少し大きくなったら、家族旅行の計画を一緒に立ててみるのもいいでしょう。「どこに行きたい？」と子供の意見を聞くことに始まり、行き先だけでなく旅行先での行動計画なども家族で話し合って決めていきます。そうすることで、子供は計画性や物事を提案する力を身につけていくことになります。

家族旅行をすること自体が、一緒にハプニングや出来事を経験し、親子や兄弟の絆を強める貴重な体験にもなります。

親子で乗り越えた経験は一生ものの宝に

私自身の子育てで、「一緒にやって良かったな」と強く印象に残っていることが二つあります。

一つは、ピアノの連弾です。

私自身も子供の頃にピアノを習った経験があり、そのことを知った長男のピアノの先生が、彼の小学校卒業前の発表会で、「ぜひお父さんも一緒に」と声をかけてくれたのがきっかけです。

連弾ですから技術的にも互角でないといけませんし、息も合わせないといけません。思春期に差しかかった年齢の子供と心を通わせながら、何かに一緒に取り組む機会はなかなかありません。

この連弾は、その後も長女、次男と、結局、子供三人全員と取り組むことができ、とても良い思い出となりました。

そしてもう一つは、長女と次男と一緒に親子で漢検を受検したことです。漢検には「家族受検表彰制度」というものがあり、家族で受検して全員合格したら、それぞれの合格証書とは別に、「家族合格表彰状」がもらえるのです。

これはなかなかのモチベーションとなります。「子供たちが合格したのに、自分だけ不合格だったらどうしよう」と、私も久しぶりに必死に勉強に取り組みました。

全員、受検する級は違いましたが、一つの目標を目指して一緒に勉強したこと、そして見事全員合格して、家族合格表彰状を手にしたときの喜びは、今でもはっきり覚えています。

親子で一緒に何かに取り組む、という経験は、お互いの気持ちをつないだり、絆を強めたりするのにとてもいいチャンスです。それは、子供にとってだけでなく、親にとっても大切なこと。子供に負けまい、いいところを見せようとがんばる親の姿もまた、子供に良いお手本になることでしょう。

ぜひ、みなさんもお子さんと一緒に何かに取り組んでみてはいかがでしょうか。

子供に「きょうだいで誰が一番好き？」と聞かれたら

子供が複数いる場合、それぞれの子供を常にまったく同列に扱うことは難しいものです。その時々によって、どうしても子供によって手をかける割合が違ってきてしまうことは避けられません。

時には、子供のほうから「きょうだいの中で誰が一番好き？」と聞いてくることもあります。親からの愛情を欲しているときに、子供はそういうことを口にしがちです。親の愛情を確認したいのです。

そんなときは、「お姉ちゃんには言っちゃダメだけれど、あなたのことが一番好きよ」というように、その子その子に対して「あなたが一番好き」と意思表示をすることも一つの方法です。もちろん、これはほかの子供がいないところで行いましょう。

きょうだい同士を「比較しない」ことも大切です。親と子は「一対一」が基本。「甘えさせるとき」は、できるだけ個別に対応しましょう。

きょうだいが何人いても、子供にとって「お父さん」「お母さん」は一人しかいません。そのため、誰かが独占すると、他のきょうだいは嫉妬心を抱きます。**ほかのきょうだいの目を気にしなくてもよい環境で、それぞれの子供に親と二人きりの時間を満喫させてあげましょう。**

これは、**子供を叱る場合も同様**です。きょうだいのいる前ではなく、**二人だけのときを選ぶこと**で、子供の自尊心を傷つけることなく話すことができます。

私が子供のとき、父はきょうだい三人に対して、一人20分くらいずつ、一対一で向き合う時間を取ってくれていました。当時、まだ七田式教育が世に出ていない頃で、父は家で英語塾を開いていたので、子供たちが家にいる時間が仕事の時間であり、わが子との時間を取るのは難しかったのです。それでも、時間が取れるときには相手をしてもらえたので、父との時間はとても印象的でよく覚えています。

就学後は、毎日決まった時間を取ってくれることはなくなりましたが、「百人一首を覚えてみないか」とか「速算術を教えてあげよう」とか、子供一人ひとりに、その学習進度に合ったプラスαの学習テーマを与えて、いろいろチャレンジする手助けをしてくれたものです。

いろんなことをさせてみて、子供に響くことが見つかれば、さらに発展した取り組みを提案し、チャレンジさせるということが、子供の経験を育むうえで非常に大切です。

子供に何が響くかは正直、やってみないことにはわかりませんし、きょうだいそれぞれで違ってきます。

実際、私たちきょうだいは、さまざまなことに一緒に取り組みましたが、その後、算数や数学に熱中したのは私だけで、妹は英語や演劇、弟はものの仕組み・構造など、それぞれ違うものに惹《ひ》かれていきました。

親はわが子が好きなことを見つけるきっかけを作ってあげるのが一番良いことだと思います。だから、できる範囲内でいろんな経験をさせて、子供の選択肢を増やしてあげてください。

また、そういうふうに少しずつでも時間を作ってあげることは、子供のほうからすると、親が思っている以上に「いろんなことをしてくれた、時間を作ってくれた」と心に刻まれるものです。

親が心がけたい、子供との「いい加減」な距離感とは

「いい加減」とは、「ほどよい加減」です。子供への手のかけ方、声のかけ方、距離感の取り方など、「ほどよい加減」を意識してみましょう。

ベタベタくっつきすぎていては、客観的に子供を見ることができず、かといって離れすぎても、子供の現在の姿を正しく把握することができません。

私自身は、時間がたっぷりあれば、その分だけ子供と関わってしまうタイプだと自覚しています。ただ、幸いと言ってよいのか、仕事に追われて時間が十分取れないことが多かったため、結果的に「ほどよい」加減で子供と関わることができました。これも、私たち親子の「運」だったと思います。

心理的にも、物理的にも、子供から少し距離を置いて、離れたところから子供を見てみる時間を作ってください。

親の前と、幼稚園や保育園での姿が違うという子供は結構います。親である自分に見せ

る姿だけが子供のすべてではありません。

それがどうあれ、わが子を信じましょう。普段から言葉かけや働きかけを積極的に行っていると、「うちの子は大丈夫」と信頼できるようになります。

七田式の「子育て三種の神器」は、「愛」と「厳しさ」と「信頼」です。この三つは、順番も大事です。

根本にあるのは、まず子供への絶対的な「愛情」です。そのうえで、ダメなことはダメ、直すべきことは直すべきだと毅然とした態度で、「厳しさ」を持って接していくことが大事です。

そうすることで、自分がいつも子供のそばにいなくても、この子は大丈夫だという自信を持ち、いつ、どんなときでも子供を「信頼」することができるようになります。

完璧な親などいない。子供と一緒にゆっくり成長していこう

日々、休憩する暇などほとんどない子育てを「大変だな、うまくいかないな」と感じることもよくあることだと思います。

でも、それは親が一生懸命に力を尽くし、子供と向き合っている証拠。子育てが大変だという気持ちを否定的に考えたり、罪悪感を持ったりする必要はまったくありません。

ですが、力を入れっぱなしでは、疲れて息切れしてしまうかもしれません。

「しっかり育てなければ」と気負いすぎていませんか？

「親の役目を完璧にこなそう」と理想を求めすぎていませんか？

人は誰でも、初めてのことに挑戦するときは、不安を感じたり、それゆえに気合いを入れて取り組むものです。それが、一人目の子育てならなおさらで、理想を高く持って子育てに励んでいらっしゃることでしょう。

子育てに完璧を求めるあまり、その通りにできない自分を情けなく思ってしまうこともあるかもしれません。けれど、一度、肩の力を抜いてみましょう。

「教育」は「共育」でもあります。親は、子育てをしながら自分自身も学び、子供とともに成長していきます。

子供が１歳になったら、親もようやく、親としての１歳。子供が小学校１年生になったら、親も「小学生の親」１年生。ですから、最初はうまくできなかったり、不安に思うことがあったりしても当然です。

おうちの方も、子供と同じように、親として成長していっている過程なのだということを心に留めておくと、前向きで、楽な子育てができます。

子育ては、自分育てでもあり、学び直しの機会でもあるのですから、ぜひ楽しみながら取り組んでいきたいものです。

お互いを「認め」「尊重し」、そして「楽しむ」子育てを

私の父は、**「たとえ0歳・1歳の赤ちゃんでも、親とは別の、一つの人格を持った一人の人間なんだ」**とよく言っていました。

子供には子供の人格や考えがあるということを理解し、親の思い通りにしようとはしないことです。

子は親の所有物ではありませんし、親は子の支配者でもありません。子供は天からの授かりものであり、親は育てさせていただいているのです。

子育ては、あらゆる仕事の中で、最も大切な仕事の一つです。こんなに大変な、尊い仕事をさせていただいているということに思いを馳せましょう。

そして何より、**子育てを楽しむ気持ちを忘れないでください**。

誰よりもまず、お母さんが、家庭の太陽で、ニコニコと良い表情で過ごしていないと、家庭の雰囲気は良くなりませんし、どれだけ良い教育を行おうと考えていても、子供に良

い影響を及ぼすことはできません。

いくら健康に気を使っているといっても、健康に配慮した最高の食べ物を、暗い、ネガティブな気持ちで食べるくらいなら、ニコニコと楽しい気持ちで、手軽な出来合いのものを食べるほうが、よっぽど「健康」には良いと言われます。

せっかく良い食べ物を選んでも、その良いパワーを受け取ることができなくては何の意味もありません。子育てもそれと同じです。

子育てに関しては、A・B・C・D・Eの5段階評価があったとしても、Aを並べる必要はありません。Cが合格点であれば、Cばかりでも良いのです。

無理にAを目指さなくても、できる範囲でがんばればいいし、あなたのお子さんが毎日を笑顔で過ごすことができていれば、それで十分に「A」なのです。

判定は他者が行うものではなく、お子さん自身が判定をしています。子は親の鏡です。目の前にいる、あなたのお子さんをいかに笑顔にできているか、を見てください。

過去、どうだったかは関係ありません。目の前にいる子供を尊重し、愛を伝えましょう。

「**あなたがいてくれて、お父さん、お母さんは今、とても幸せよ**」という思いを、口グセのように伝えていきましょう。**その結果、お子さんが笑顔になれば、あなたの子育ては大成功です。**

子供と密接に関われる時間は、案外短いものです。毎日毎日が、子供との貴重な日々です。私も、三人の子供がほぼ手元を離れた今、その思いを強くしています。何でもない一日に、喜びや幸せが隠れていることをぜひ感じてください。見過ごしてしまうともったいないですよ。

子供の成長を子供とともに喜び、そして親子一緒に笑顔で過ごす毎日を、すべてのお父さん、お母さんが、心から満喫してくださることを願っています。

おもな参考図書・雑誌・サイト

『本田家流子育てのヒント』（本田竜一著　プレジデント社）

『夢っこｃｌｕｂ』（七田チャイルドアカデミー）

七田チャイルドアカデミー・ホームページ（http://www.shichida.ne.jp/）

著者紹介

七田　厚（しちだ　こう）
七田式創始者七田眞の次男。1963年島根県生まれ。東京理科大学理学部数学科卒業。株式会社しちだ・教育研究所代表取締役社長、七田チャイルドアカデミー特別顧問。七田式幼児教育の実践教室は、国内450教室をはじめ、台湾、シンガポール、マレーシア、アメリカ（ニューヨーク）、インドネシア、タイ、オーストラリア、香港、中国、カナダ（バンクーバー）、ベトナム、ラオス、ミャンマーなど世界にも広がっている。
おもな著書に、『七田式 頭が鋭くなる大人の算数ドリル』（小社刊）、『[七田式] 子どもの「天才脳」をつくる33のレッスン』（実業之日本社）、『使える英語勉強法　超実践篇』（監修　ロングセラーズ）、『子どもの能力を引き出す　七田式胎教からの子育て』（エコー出版）などがある。

七田式《しちだしき》　子《こ》どもの才能《さいのう》は
親《おや》の口《くち》グセで引《ひ》き出《だ》せる！

2016年５月５日　第１刷
2016年８月10日　第２刷

著　　者　七田《しちだ》　厚《こう》
発 行 者　小澤源太郎

責任編集　株式会社　プライム涌光
電話　編集部　03(3203)2850

発 行 所　株式会社　青春出版社
東京都新宿区若松町12番１号 〒162-0056
振替番号　00190-7-98602
電話　営業部　03(3207)1916

印　刷　中央精版印刷　製　本　フォーネット社

万一、落丁、乱丁がありました節は、お取りかえします。
ISBN978-4-413-03996-3 C0037

なぜ、いちばん好きな人とうまくいかないのか？
ベストパートナーと良い関係がずっとずっと続く処方箋
晴香葉子

終末期医療の現場で教えられた
「幸せな人生」に必要なたった1つの言葉〈メッセージ〉
大津秀一

その英語、ネイティブはカチンときます
デイビッド・セイン

アメリカ抗加齢医学会の新常識！
老化は「副腎」で止められた
心と体が生まれ変わるスーパーホルモンのつくり方
本間良子　本間龍介

1時間でわかる省エネ住宅！
夢を叶える家づくり
本当に快適に暮らす「パッシブデザイン」の秘密
高垣吾朗

青春出版社の四六判シリーズ

すべてを叶える自分になる本
魂が導く「転機」に気づいた瞬間、求めていた人生が動きだす！
原田真裕美

中学受験は算数で決まる！
西村則康

子宮を温める食べ方があった！
定真理子　桑島靖子

子どもの心と体を守る「冷えとり」養生
今津嘉宏

本当は結婚したくないのだ症候群
「いつか、いい人がいれば」の真相
北条かや